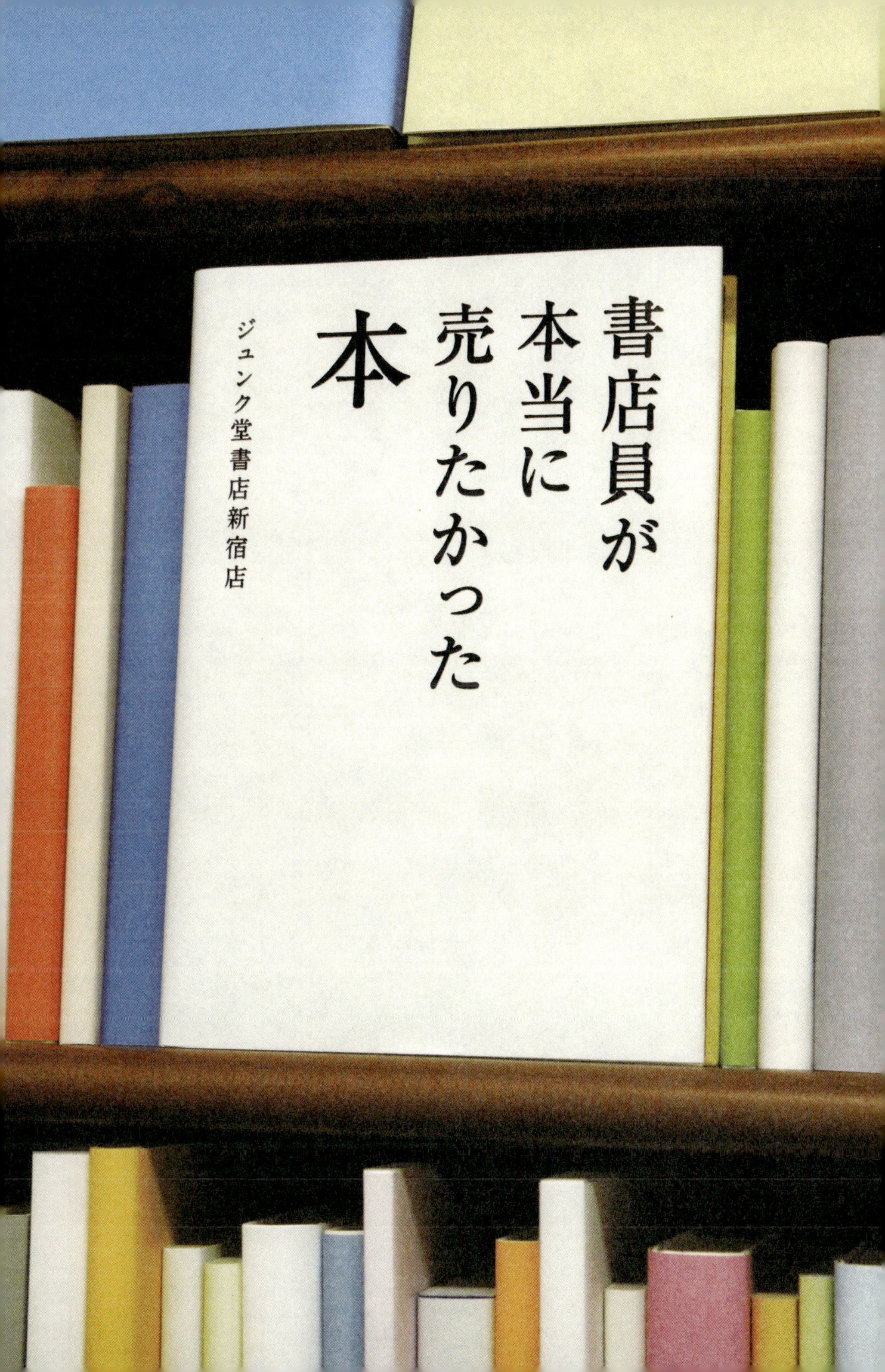
書店員が
本当に
売りたかった
本
ジュンク堂書店新宿店

INTRODUCTION

２０１２年3月31日、多くの人に惜しまれながらも閉店を迎えた、ジュンク堂書店新宿店。
「どうせなら最後に自分たちが本当に売りたい本に手描きＰＯＰをつけて売ろう！」
誰ともなく言いだした企画は店全体を巻き込む大フェアになり、ネットを介して、「棚がアツい！」「本への愛情が炸裂している！」と瞬く間に多くの人に広まりました。
当時の各売り場の担当書店員が思いの丈をぶつけたＰＯＰを可能な限り多く収録し、新宿店最後の日の様子と併せご紹介いたします。本を愛するすべての方に――。

目次

第1章 ありがとう

リヴィエラを撃て
高村薫
リヴィエラを撃て
高村薫
警視庁心理捜査官
大胆緻密!
大胆緻密
竜馬がゆく
司馬遼太郎
坂本竜馬と幕末の青春群像
のぼうの城
のぼうの城
2012年秋公開
富士日記
富士日記
麻雀放浪記
第三阿房列車
内田百閒
栄華物語

新宿店スタッフが
感謝をこめてお客様に
おススメしたい一冊

はらぺこあおむし（偕成社）
エリック＝カール・著
もりひさし・訳
定価1260円

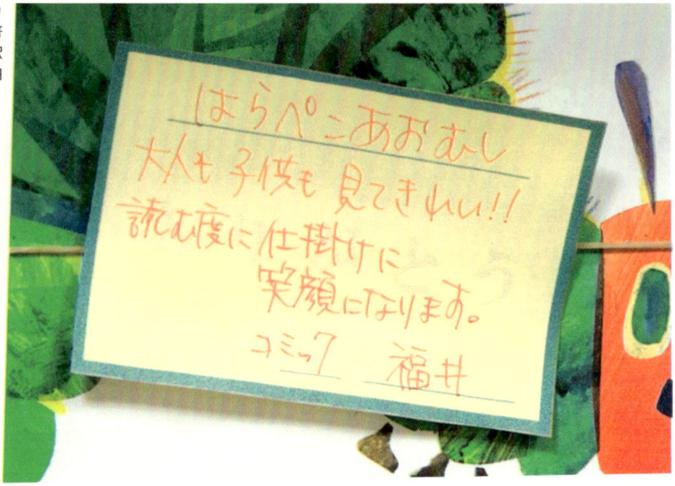
はらぺこあおむし
大人も子供も見てきれい!!
読む度に仕掛けに
笑顔になります。
コミック 福井

深海魚チルドレン（講談社）
河合 二湖・著
定価1470円

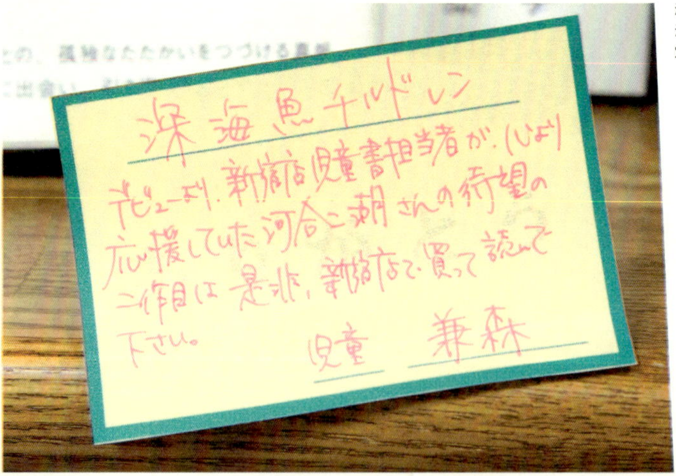
深海魚チルドレン
デビューより、新宿店児童書担当者が、じっくり
応援していた河合二湖さんの待望の
二作目は是非、新宿店で買って読んで
下さい。
児童 兼森

ともだちは実はひとりだけなんです
（ビリケン出版）
平岡 あみ・著
宇野 亜喜良・イラスト
定価1680円

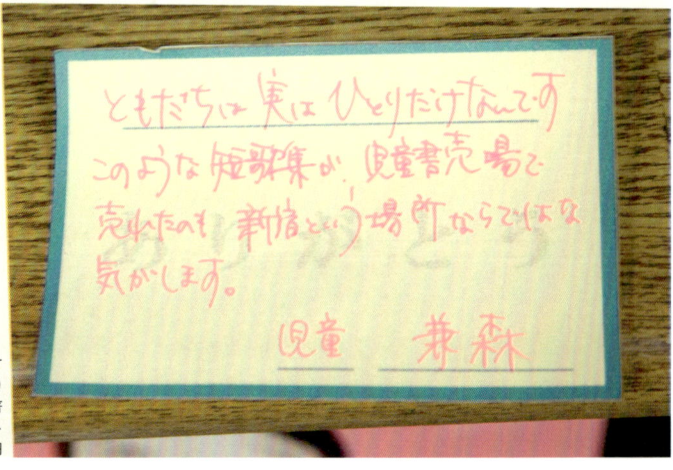
ともだちは実はひとりだけなんです
このような短歌集が、児童書売場で
売れたのも新宿という場所ならではな
気がします。
児童 兼森

薔薇は
山川弥千枝
『ばらは生きてる』
美しいばらさわってみる
つやつやとつめたかった
ばらは生きてる
どの頁を開いても
永遠の少女の
心の中を
スケッチした言葉に
彩られていて
愛しくなった。…………緒川たまき（女優・写真家）
山川彌千枝が八歳から、
結核で亡くなる十六歳までに
記した散文、短歌、日記、
書簡等を収録。
生命そのものの明るさと
爽やかさに満ちた名著！
創英社

薔薇は生きてる（創英社）
山川 彌千枝・著
定価1575円

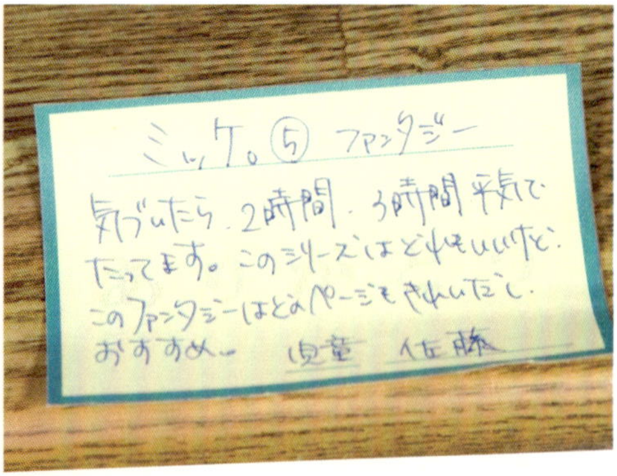
ミッケ。⑤ ファンタジー
気づいたら、2時間、3時間平気でたってます。このシリーズはどれもいいけど、このファンタジーはどのページもきれいだし、おすすめ。
児童 佐藤

ミッケ! ファンタジー -I SPY 5（小学館）
ジーン マルゾーロ／ウォルター ウィック・著
定価1428円

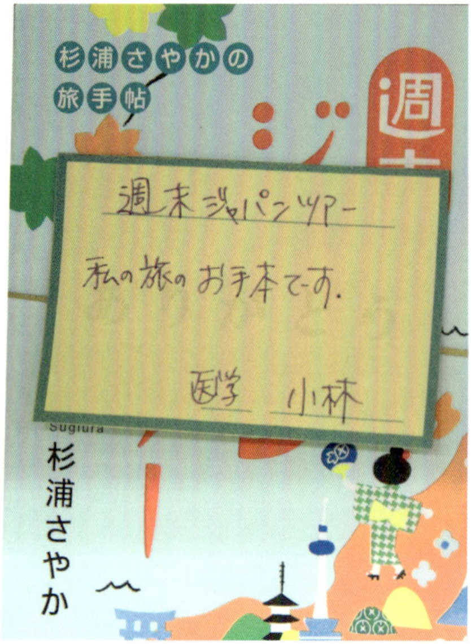
杉浦さやかの
旅手帖
週末ジャパンツアー
私の旅のお手本です。
医学 小林
Sugiura
杉浦さやか

週末ジャパンツアー（杉浦さやかの旅手帖）
（ワニブックス）
杉浦 さやか・著
定価1365円

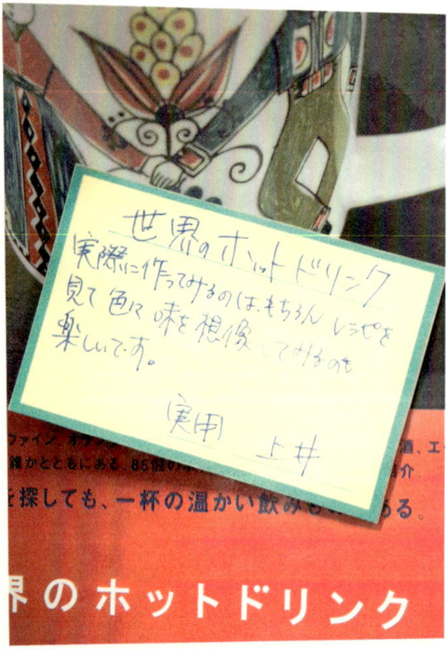
世界のホットドリンク
実際に作ってみるのはもちろん レシピを見て色々味を想像してみるのも楽しいです。
実用 上井
界のホットドリンク

Hot Drinks around the World
世界のホットドリンク
（プチグラパブリッシング）
定価1680円

逝きし世の面影（平凡社）
渡辺 京二・著
定価1995円

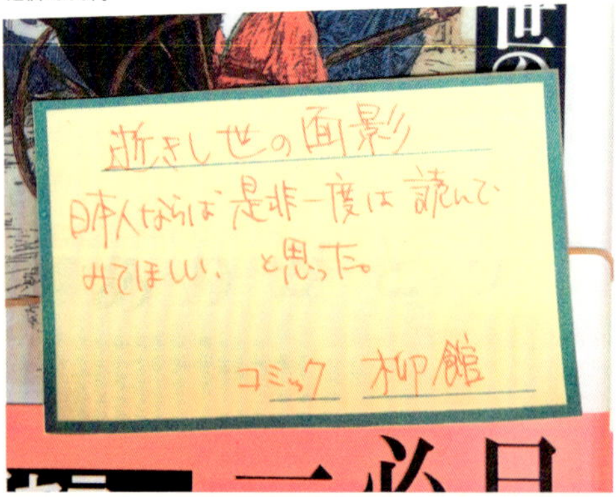
逝きし世の面影
日本人ならば是非一度は読んでみてほしい、と思った。
コミック 柳館

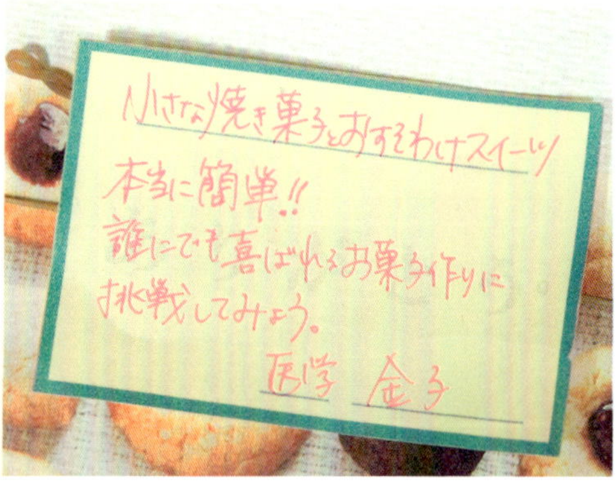
小さな焼き菓子とおすそわけスイーツ
本当に簡単!!
誰にでも喜ばれるお菓子作りに挑戦してみよう。
医学 金子

“くり返し焼いて見つけた
お気に入りレシピ”
ちいさな焼き菓子とおすそわけスイーツ
（主婦と生活社）
稲田 多佳子・著
定価1365円

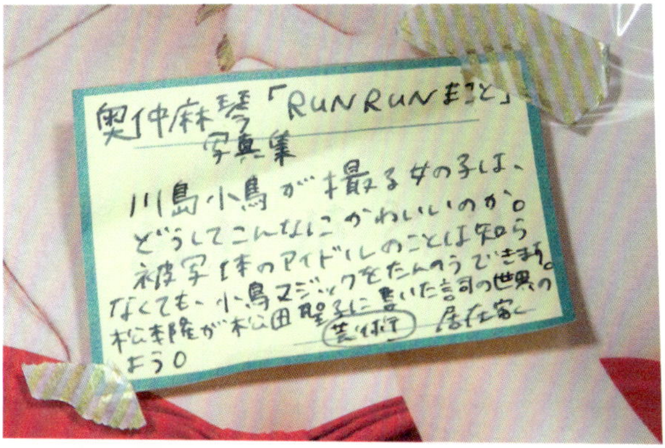
奥仲麻琴「RUNRUNまこと」
写真集
川島小鳥が撮る女の子は、
どうしてこんなにかわいいのか。
被写体のアイドルのことは知ら
なくても、小鳥マジックをたんのうできます。
松本隆が松田聖子に書いた詞の世界の
ようだ。
芸術　居在家

奥仲麻琴写真集
「RUN RUN まこと」(集英社)
奥仲 麻琴・著
川島 小鳥・写真
定価1995円

kokeshi book―伝統こけしのデザイン
(青幻舎)
cochae・著
定価1680円

こけし
kokeshi book
伝統こけしのデザイン
Kokeshi book 伝統こけしのデザイン
この本をペラペラっとめくっただけで笑顔
になれ…ないようなら転職するか
帰農するかしたほうがいいです。
ふるさと
PC　持田
かわいいつもりなのに
おもしろいカオがズラリ。
こけしの味わいは尽きません。
さくら ももこ
さくらももこ　こけしコレクションのお気に入り4本
こけし注文はがき付き!

のっけごはん100

瀬尾 幸子

白いごはんさえあれば……!!
お昼に、夕飯に、朝ごはんにだってぴったりこな
ラクラク♪ の・っけごはん100

> のっけごはん100
> 料理上手じゃなくても大丈夫。
> のっけてうまいごはんが盛りだくさん。
> （瞳 山崎）

のっけごはん100（別冊すてきな奥さん）
（主婦と生活社）
瀬尾 幸子・著
定価880円

> 高山なおみの料理
> 料理本だけど、ただの料理本ではない。
> 文学書としても活躍する高山なおみの世界観
> がぎゅっと詰まった一冊です。立式文様のうす紙の
> 装丁に写真も美しく、文章も美術書としても楽しめる
> （132）
> 芸術了 西村

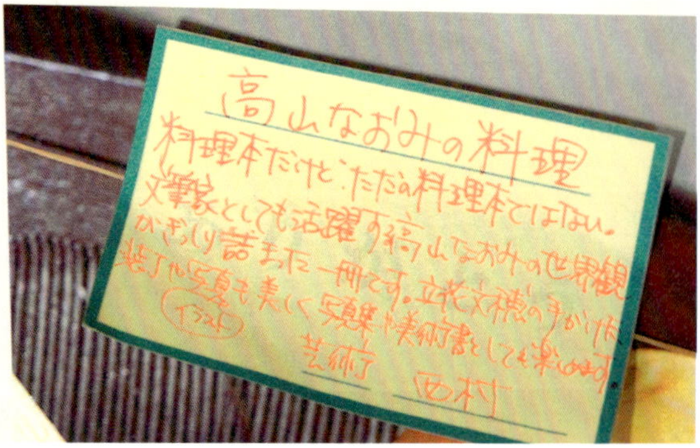

高山なおみの料理
（メディアファクトリー）
高山 なおみ・著
定価1680円

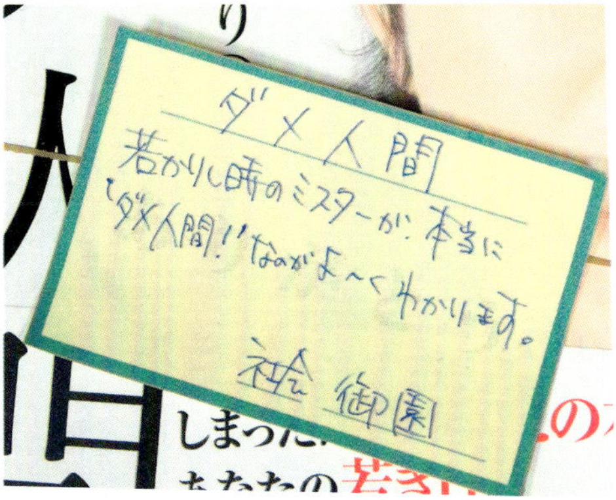
ダメ人間
若かりし時のミスターが〝本当に
〝ダメ人間！〟なのがよ〜くわかります。
社会　御園

ダメ人間 溜め息ばかりの青春記
（メディアファクトリー）
鈴井貴之・著
定価1260円

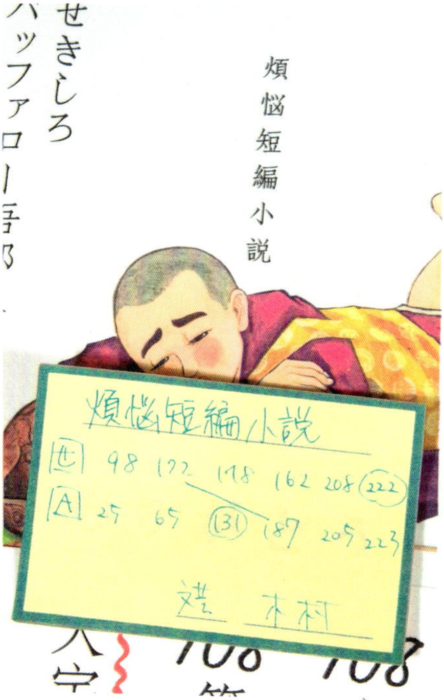
せきしろ
煩悩短編小説
煩悩短編小説
世 98 172 178 162 208 222
A 25 65 131 187 205 223
文芸　木村

煩悩短編小説（幻冬舎）
せきしろ、バッファロー吾郎A・著
定価1365円

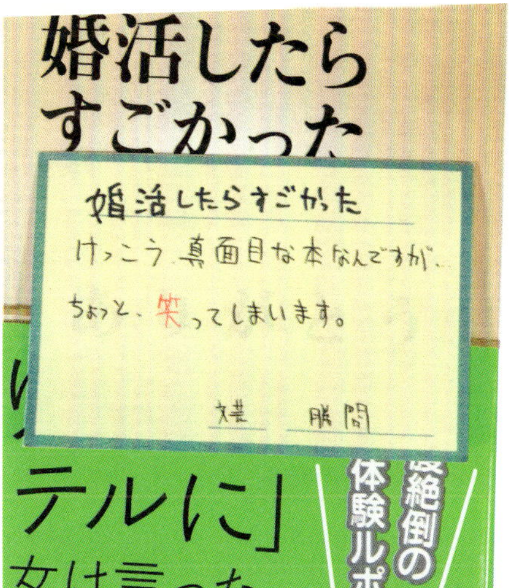
婚活したら
すごかった
婚活したらすごかった
けっこう真面目な本なんですが…
ちょっと、笑ってしまいます。
文芸　勝間
テルに」
女は言った
体験ルポ

婚活したらすごかった（新潮社）
石神 賢介・著
定価735円

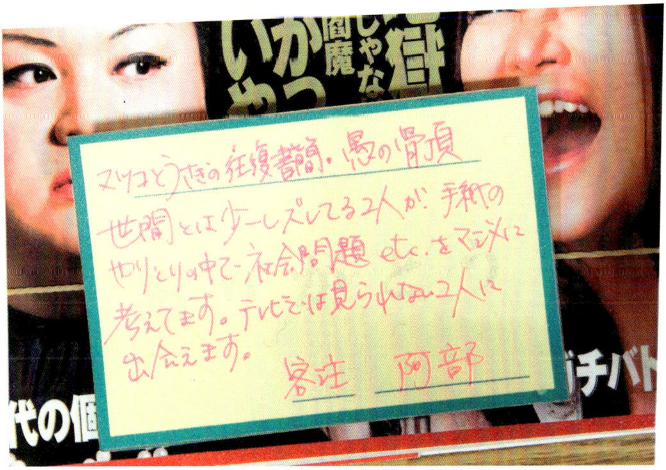
マツコとうさぎの往復書簡・愚の骨頂
世間とは少ーしズレてる2人が、手紙の
やりとりの中で、社会問題etc.をマジメに
考えてます。テレビでは見られない2人に
出会えます。
客注　阿部

うさぎとマツコの往復書簡
（毎日新聞社）
中村 うさぎ、マツコ・デラックス・著
定価1260円

Steve Jobs Ⅰ・Ⅱ
Steve Jobs. 略して、S.J。
Shinjuku Junku 略して、S.J。
どちらも失って大きな精神的・経済的
ショックを受けました。ありがとう、さようなら。
SJ Forever.
PC
松井

スティーヴ・ジョブズⅠ・Ⅱ（講談社）
ウォルター・アイザックソン・著
井口耕二・訳
定価各1995円

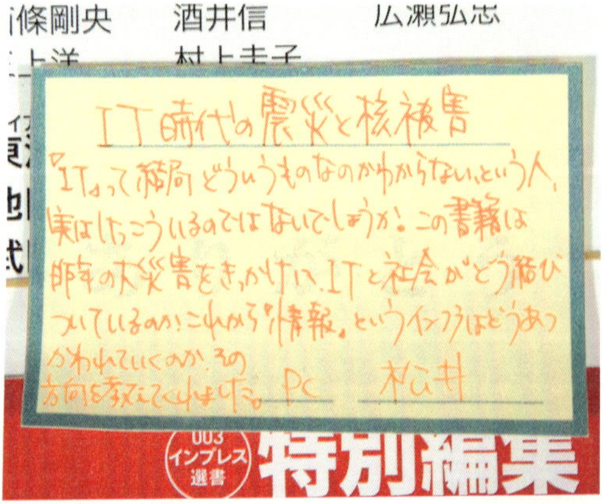
酒井信
広瀬弘忠
IT時代の震災と核被害
「ITって結局どういうものなのかわからない」という人、実はけっこういるのではないでしょうか? この書籍は昨年の大災害をきっかけに、ITと社会がどう結びついているのか? これから"情報"というインフラはどうあつかわれていくのか。その方向を教えてくれます。
PC
松井
003 インプレス選書
特別編集

IT時代の震災と核被害
（インプレスジャパン）
東 浩紀・著 他
定価1890円

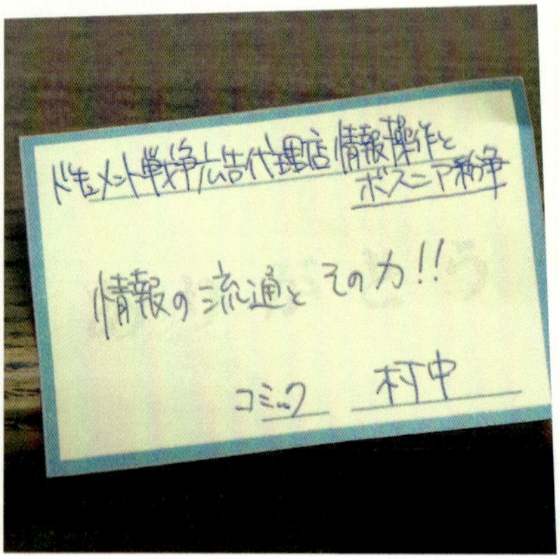
ドキュメント戦争広告代理店 情報操作とボスニア紛争
情報の流通とその力!!
コミック
村中

ドキュメント 戦争広告代理店
（講談社）
高木 徹・著
定価650円

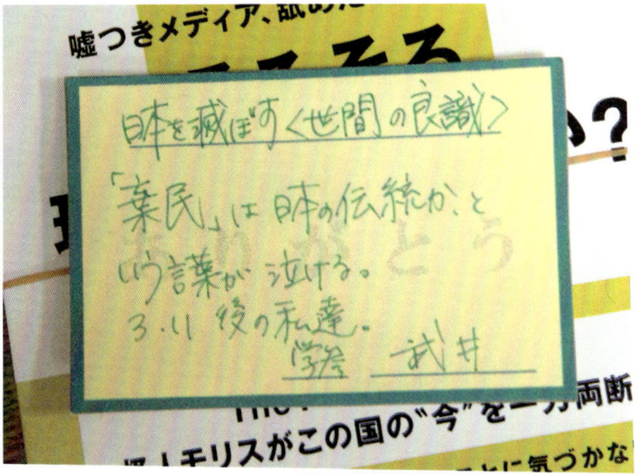
日本を滅ぼす〈世間の良識〉
「棄民」は日本の伝統か、と
いう言葉が泣ける。
3.11 後の私達。
学芸 武井

日本を滅ぼす〈世間の良識〉
（講談社）
森巣 博・著
定価756円

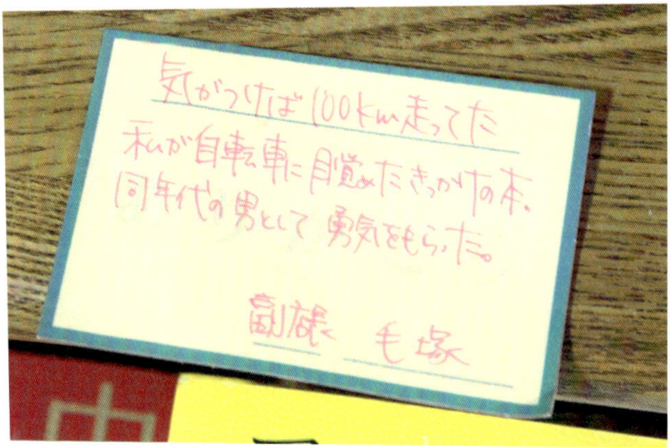
気がつけば100km走ってた
私が自転車に目覚めたきっかけの本。
同年代の男として勇気をもらった。
副店長 毛塚

気がつけば100km走ってた
（実業之日本社）
鶴見 辰吾・著
定価1470円

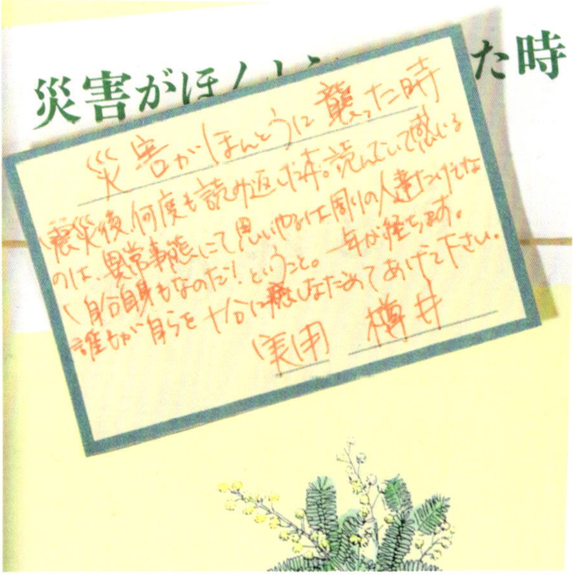
災害がほんとうに襲った時
震災後、何度も読み返した本。読んでいて感じる
のは、異常事態にて思いやるは周りの人達についてではな
く自分自身もなのだ！ということ。一年が経ちます。
誰もが自らを十分に癒しなだめてあげて下さい。
実用 横井

災害がほんとうに襲った時
――阪神淡路大震災50日間の記録
（みすず書房）
中井 久夫・著
定価1260円

ホメロス（文庫クセジュ）
（白水社）
ジャクリーヌ ド・ロミーイ・著
有田 潤・訳
定価999円

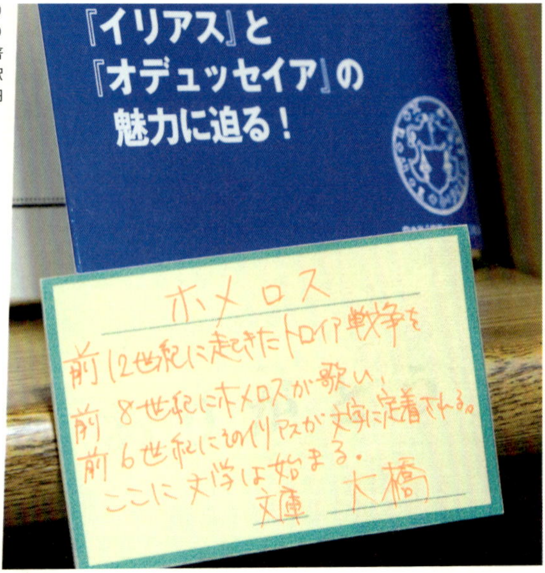
『イリアス』と
『オデュッセイア』の
魅力に迫る！
ホメロス
前12世紀に起きたトロイア戦争を
前8世紀にホメロスが歌い、
前6世紀にそのイリアスが文字に定着される。
ここに文学は始まる。
文庫 大橋

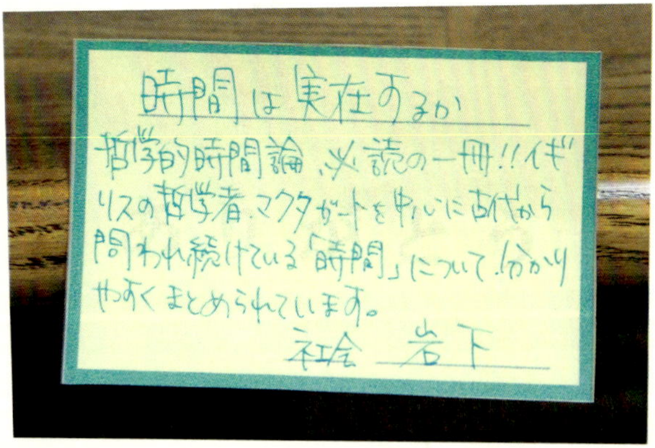
時間は実在するか
哲学的時間論、必読の一冊!!イギ
リスの哲学者、マクタガートを中心に古代から
問われ続けている「時間」について、分かり
やすくまとめられています。
社会 岩下

時間は実在するか（講談社）
入不二 基義・著
定価819円

新しい「マイケル・ジャクソン」の教科書
（ビジネス社）
西寺 郷太・著
定価1995円

新しい「マイケル・ジャクソン」の教科書
Michael Jackson 略してMJ.
Maruzen Junku 略してMJ.
片や King of Pop. 片や king of Book.
これからも輝きつづけます。MJ Forever.
PC 松井

femme
fashion
女優たちの言葉をおしゃれのヒントに
ヘプバーン未公開フォト!!
ファム・ファッション
とにかく「カワイイ!」の一言。
かわいい女性は写真もかわいい。
理工　光田

ファムファッション―輝く女優たちの装い
（二見書房）
Banana Boat Crew・編
定価1050円

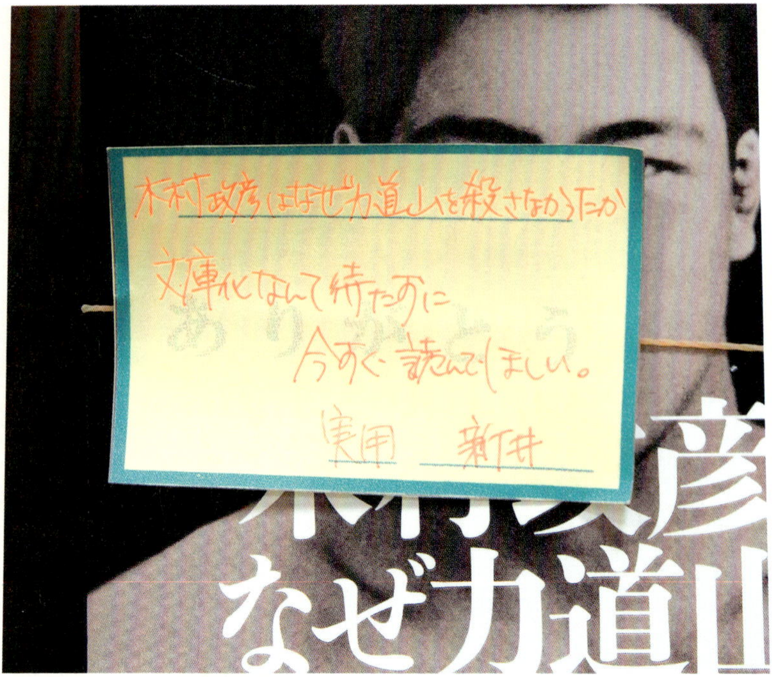
木村政彦はなぜ力道山を殺さなかったか
文庫化なんて待たずに
今すぐ読んでほしい。
実用　新井

木村政彦はなぜ力道山を殺さなかったのか
（新潮社）
増田 俊也・著
定価2730円

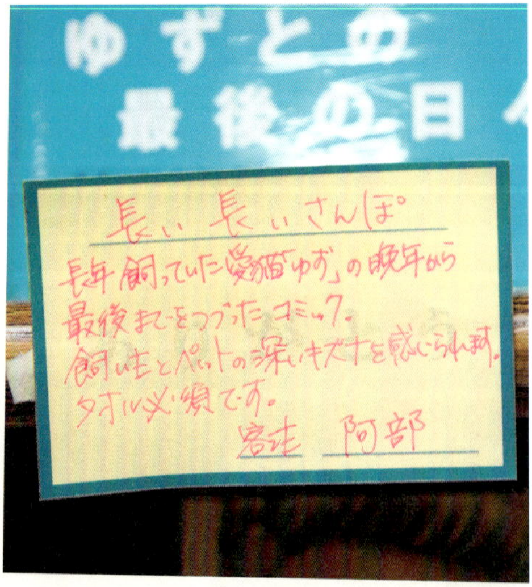
長い長いさんぽ
長年飼っていた愛猫「ゆず」の晩年から
最後までをつづったコミック。
飼い主とペットの深いキズナを感じられます。
タオル必須です。
客注　阿部

長い長いさんぽ（エンターブレイン）
須藤 真澄・著
定価756円

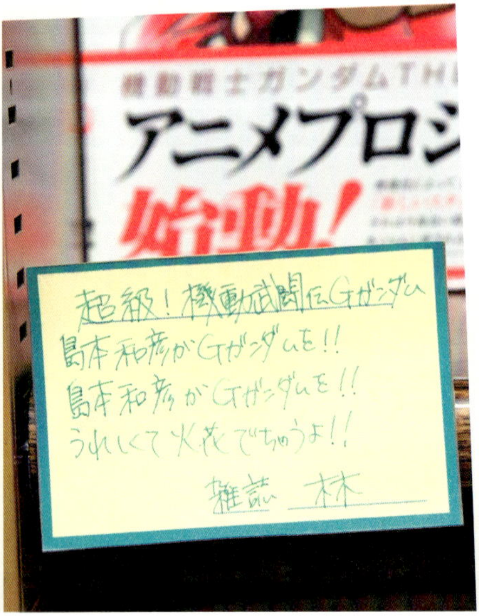
アニメプロジ
始動!
超級！機動武闘伝Gガンダム
島本和彦がGガンダムを!!
島本和彦がGガンダムを!!
うれしくて火花でちゃうよ!!
雑誌　林

超級！機動武闘伝Gガンダム（角川書店）
島本 和彦・著
矢立 肇、富野 由悠季・原著
定価609円

flat（マッグガーデン）
青桐 ナツ・著
定価600円

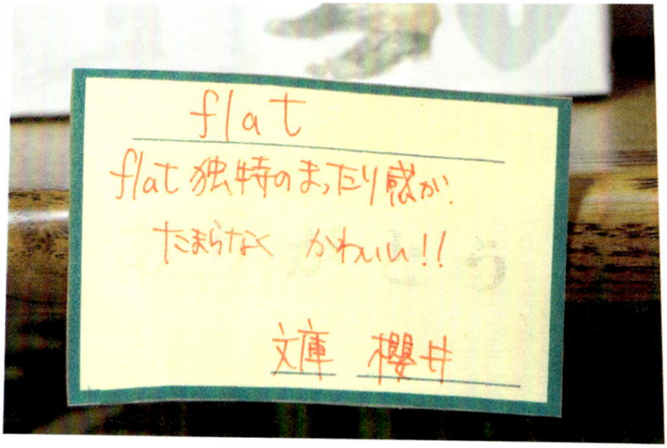
flat
flat独特のまったり感が
たまらなくかわいい!!
文庫 櫻井

チェーザレ
重厚な歴史物が読みたいあなたへ
まだ終わってないけど…。
コミック 村中

チェーザレ
破壊の創造者（講談社）
惣領 冬実・著
定価780円

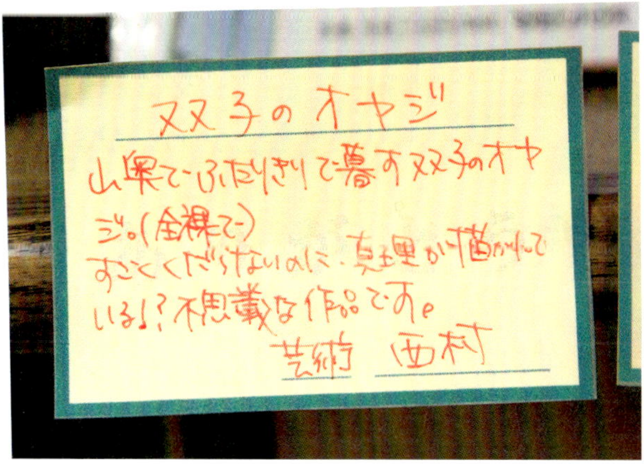
双子のオヤジ
山奥でふたりきりで暮す双子のオヤジ。(全裸で)
すごくくだらないのに、真理が描かれている!?不思議な作品です。
芸術 西村

双子のオヤジ（青林工芸舎）
しりあがり 寿・著
定価1050円

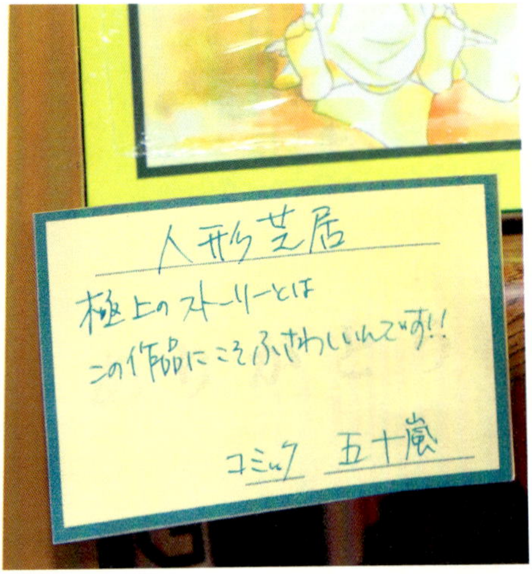
人形芝居
極上のストーリーとは
この作品にこそふさわしいんです!!
コミック 五十嵐

人形芝居（白泉社）
高尾 滋・著
定価410円

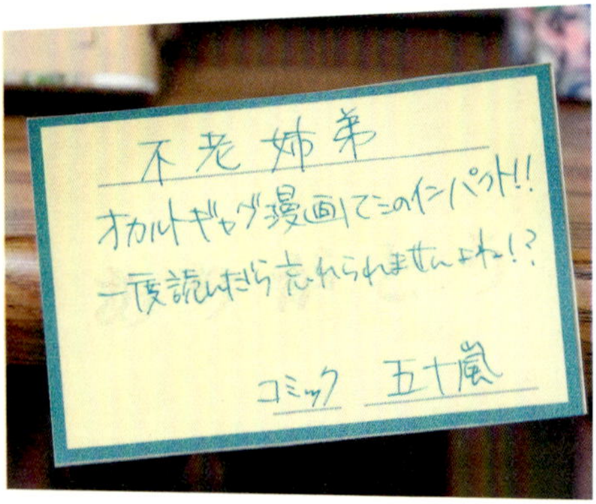
不老姉弟
オカルトギャグ漫画でこのインパクト!!
一度読んだら忘れられませんよね!?
コミック 五十嵐

不老姉弟（白泉社）
師走ゆき・著
定価420円

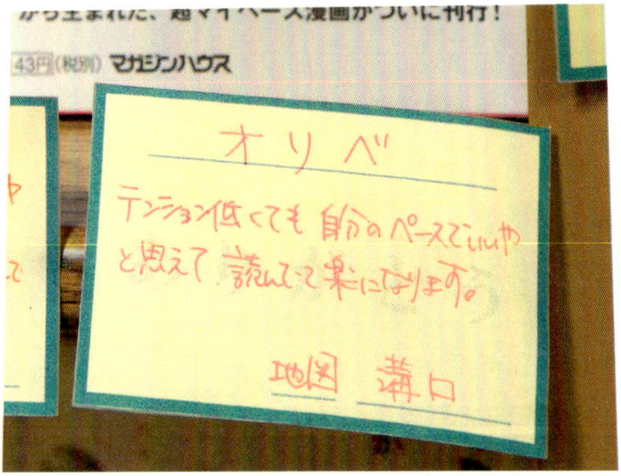

テンション低くても自分のペースでいいやと思えて読んでて楽になります。

オリベ（マガジンハウス）
南 Q太・著
定価1200円

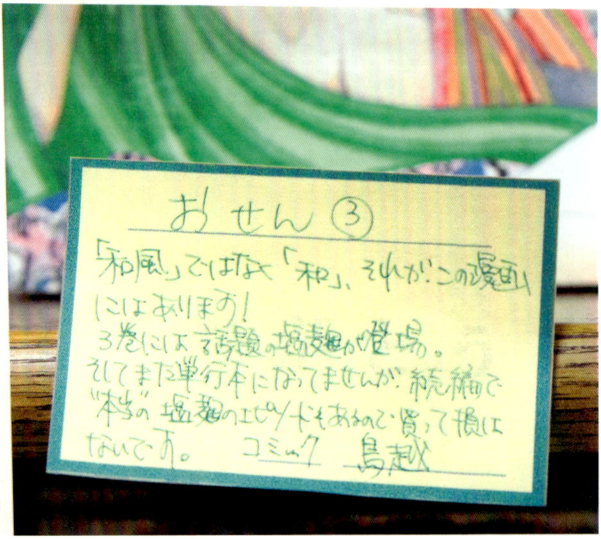
おせん③
「和風」ではなく「和」、それがこの漫画にはあります!
3巻には話題の塩麹が登場。
そしてまだ単行本になってませんが続編で"本当の"塩麹のエピソードもあるので買って損はないです。
コミック 鳥越

おせん 3（講談社）
きくち 正太・著
定価580円

群青学舎
群青学舎
キュン死にします。
何回もやられます。
文芸　中川

群青学舎
（エンターブレイン）
入江 亜季・著
定価672円

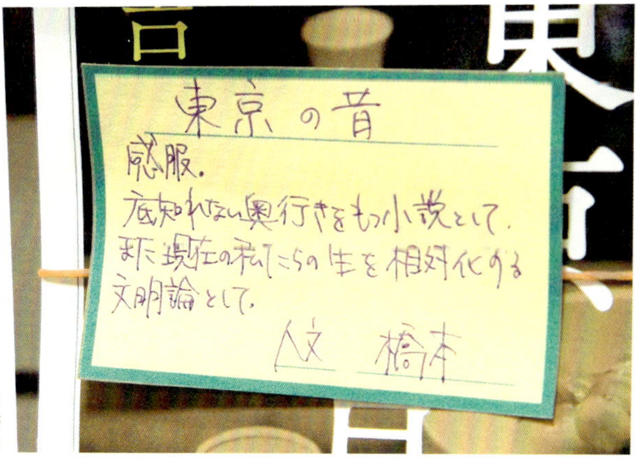
東京の昔
感服。
底知れない奥行きをもつ小説として、
また現在の私たちの生を相対化する
文明論として。
人文　橋本

東京の昔（筑摩書房）
吉田 健一・著
定価998円

おススメなのですが…
残念ながら品切でした;
ひとめあなたに…
あなたは誰に会いに行きますか?
医学 小林
香具師の旅
せつなく、いとしいです。
文庫 福井
グリーン・マイル
読んだことのない人には絶対に
読んでほしい。
喫茶 椎南
レボリューション
戦う操縦士
商品課 岩尾
この庭に 黒いミンクの話
ダークファンタジー
山村
たべる しゃべる
大切な本です。
溝口

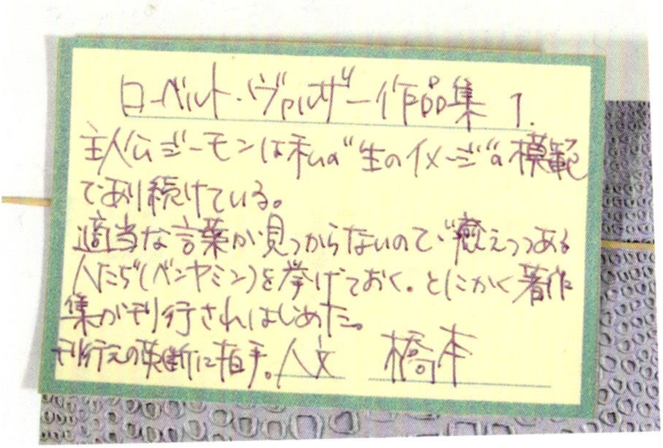
ローベルト・ヴァルザー作品集 1.
主人公ジーモンは私の"生のイメージ"の模範であり続けている。
適当な言葉が見つからないので"癒えつつある人たち"(ベンヤミン)を挙げておく。とにかく著作集が刊行されはじめた。
刊行の英断に拍手。人文　橋本

ローベルト・ヴァルザー作品集
（鳥影社・ロゴス企画部）
ローベルト・ヴァルザー・著
新本 史斉、フランツ・ヒンターエーダー・エムデ・訳
定価2730円

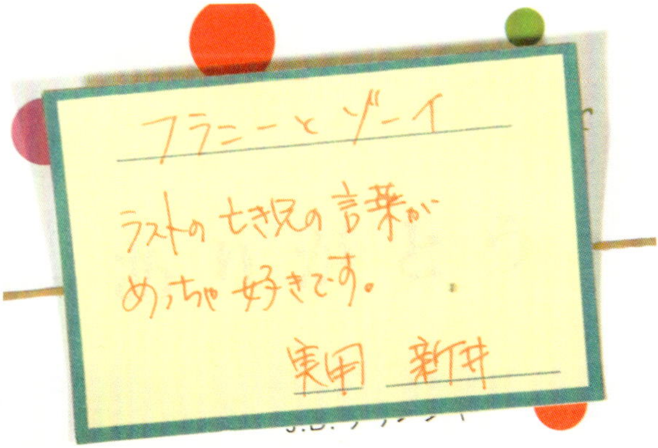

フラニーとゾーイ（新潮社）
サリンジャー・著
野崎 孝・訳
定価500円

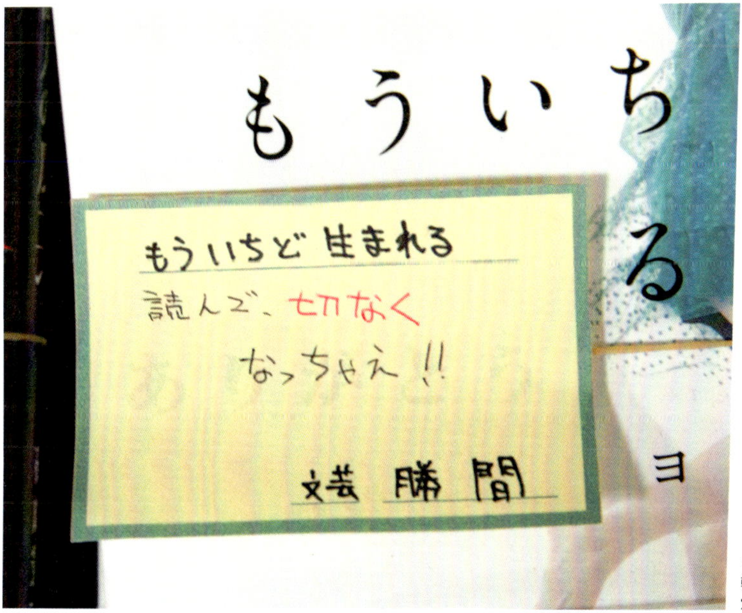
もういちど生まれる
読んで、切なくなっちゃえ!!
文芸　勝間

もういちど生まれる（幻冬舎）
朝井 リョウ・著
定価1470円

美濃（講談社）
小林信夫・著
定価1785円

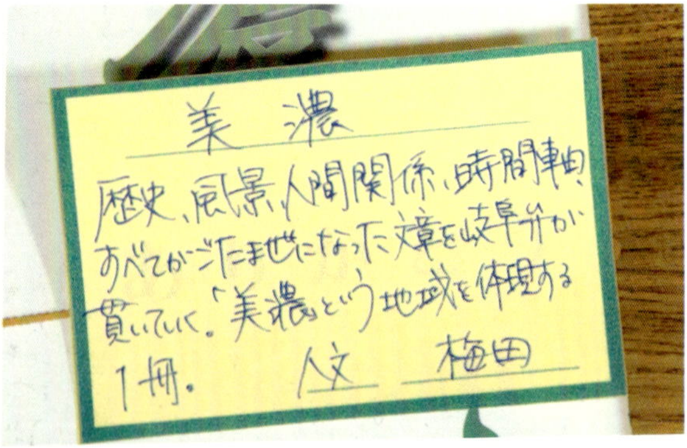
美濃
歴史、風景、人間関係、時間軸、
すべてがごたまぜになった文章を岐阜弁が
貫いていく。「美濃」という地域を体現する
1冊。 文 梅田

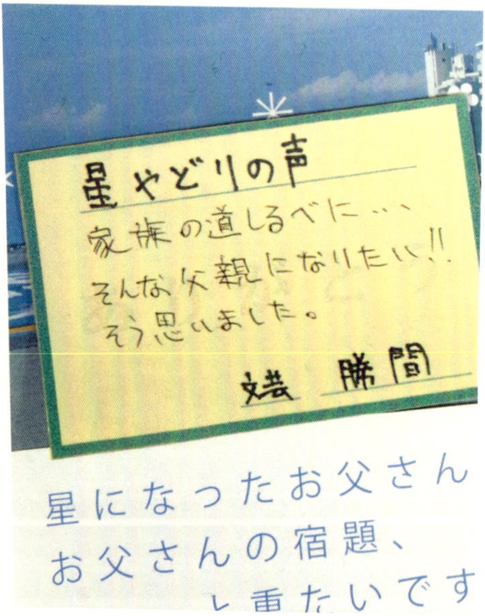

家族の道しるべに…
そんな父親になりたい!!
そう思いました。

星やどりの声（角川書店）
朝井 リョウ・著
定価1575円

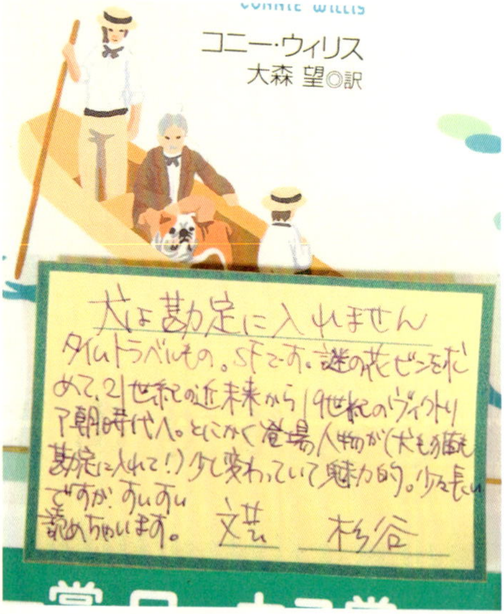
コニー・ウィリス
大森 望◎訳
犬は勘定に入れません
タイムトラベルもの。SFです。謎の花ビンを求
めて、21世紀の近未来から19世紀のヴィクトリ
ア朝時代へ。とにかく登場人物が（犬も猫も
勘定に入れて!）少し変わっていて魅力的。少々長い
ですが、すいすい
読めちゃいます。 文芸 杉谷

犬は勘定に入れません…
あるいは、消えたヴィクトリア朝花瓶の謎
（早川書房）
コニー・ウィリス・著
大森 望・訳
定価2940円

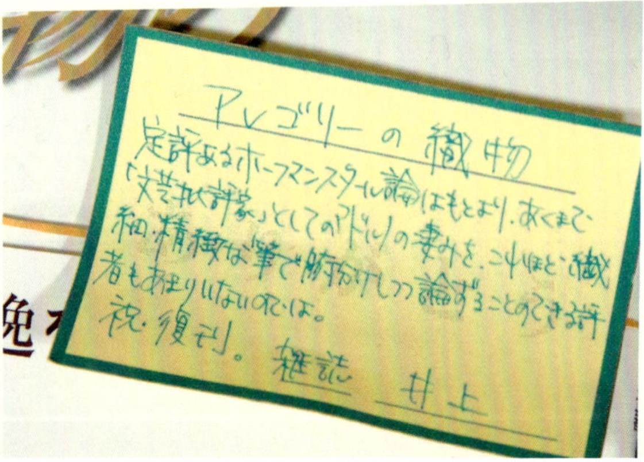
アレゴリーの織物
定評あるホーフマンスタール論はもとより、
「文芸批評家」としての川村の凄みを、これほど繊
細・精緻な筆で腑分けしつつ論ずることのできる評
者もあまりいないのでは。
祝・復刊。 雑誌 井上

アレゴリーの織物（講談社）
川村 二郎・著
定価1785円

文壇挽歌物語
大村彦次郎
文士はいつ消えたのか
編集者の目から眺めた昭和文壇史の舞台裏
〈文壇三部作〉の完結編
ちくま文庫
文壇挽歌物語
文壇
このどろどろした利害の錯綜する
俗世界
店長　毛利

文壇挽歌物語（筑摩書房）
大村 彦次郎・著
定価1575円

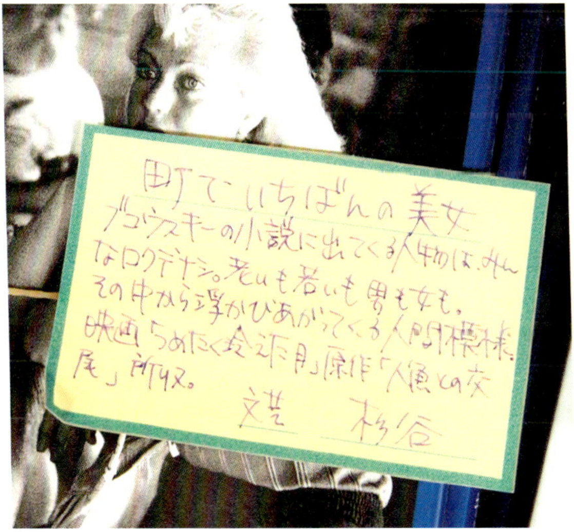
町でいちばんの美女
ブコウスキーの小説に出てくる人物は、みん
なロクデナシ。老いも若いも男も女も。
その中から浮かびあがってくる人間模様。
映画「つめたく冷えた月」原作「人魚との交
尾」所収。
文芸　杉谷

町でいちばんの美女（新潮社）
チャールズ・ブコウスキー・著
青野 聡・訳
定価700円

第一阿房列車　第二阿房列車
第三阿房列車（新潮社）
内田 百閒・著
順に定価546円、420円、500円

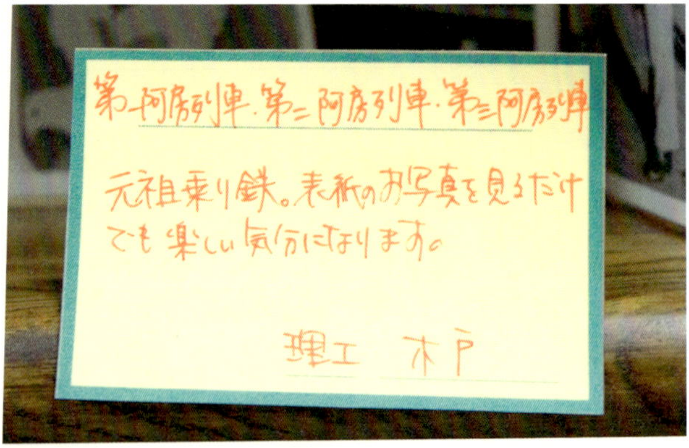
第一阿房列車・第二阿房列車・第三阿房列車
元祖乗り鉄。表紙のお写真を見るだけでも楽しい気分になります。
理工　木戸

おとうと（新潮社）
幸田 文・著
定価420円

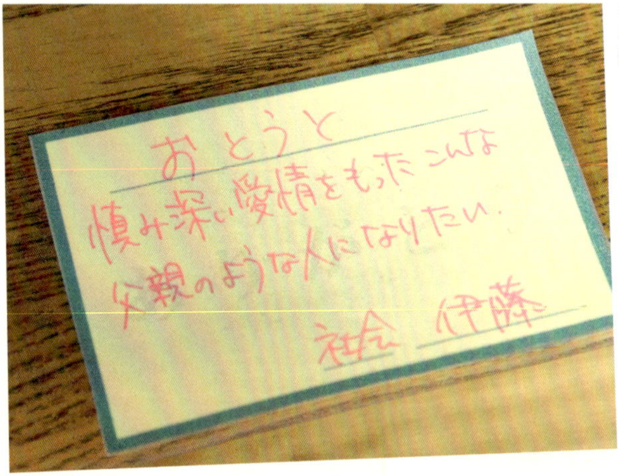
おとうと
慎み深い愛情をもったこんな父親のような人になりたい。
社会　伊藤

心臓に毛が生えている理由
（角川学芸出版）
米原　万里・著
定価580円

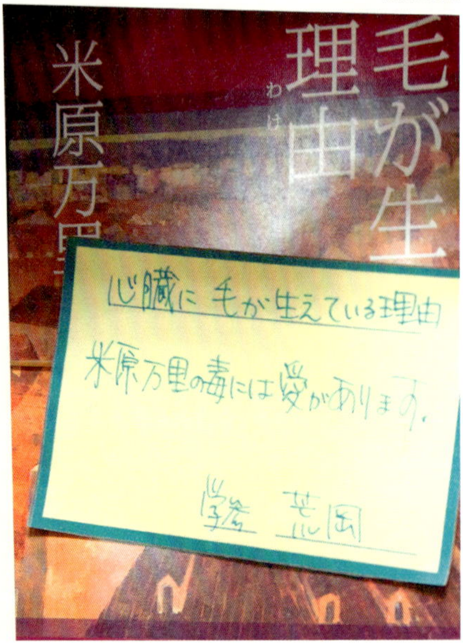

木のいのち木のこころ ― 天・地・人（新潮社）
西岡 常一、小川 三夫、塩野 米松・著
定価900円

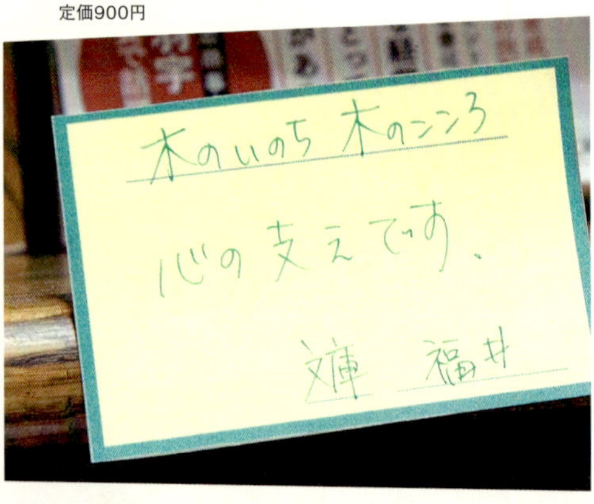
木のいのち 木のこころ
心の支えです。
文庫　福井

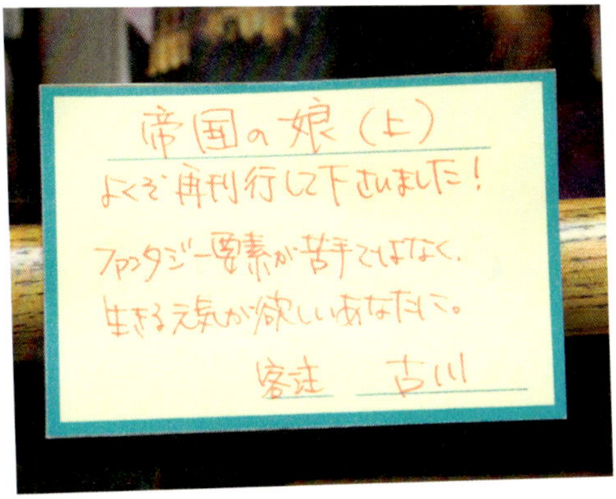
帝国の娘（上）
よくぞ再刊行して下さいました！
ファンタジー要素が苦手ではなく、
生きる元気が欲しいあなたに。
客注　古川

帝国の娘　上（角川書店）
須賀 しのぶ・著
定価580円

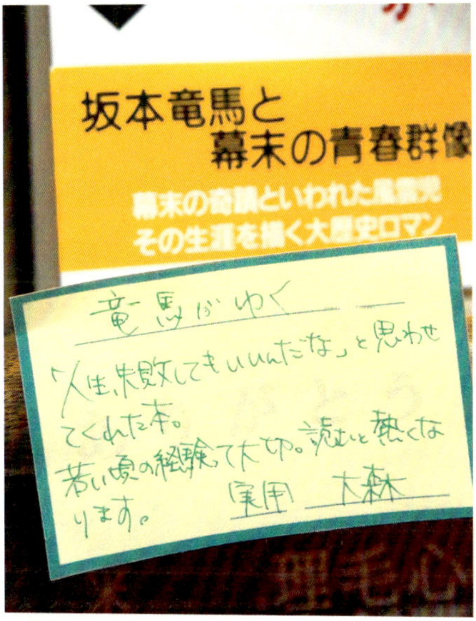
坂本竜馬と
幕末の青春群像
幕末の奇蹟といわれた風雲児
その生涯を描く大歴史ロマン
竜馬がゆく
「人生、失敗してもいいんだな」と思わせてくれた本。
若い頃の経験って大切。読むと熱くなります。
実用　大森

竜馬がゆく（文藝春秋）
司馬 遼太郎・著
定価660円

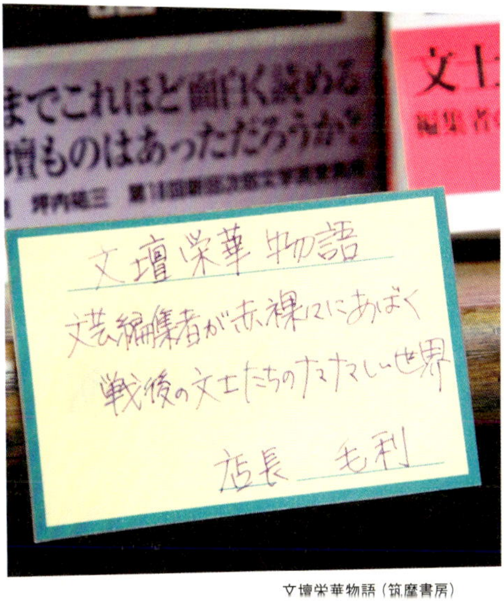
文壇栄華物語
文芸編集者が赤裸々にあばく
戦後の文士たちのナマナマしい世界
店長　毛利

文壇栄華物語（筑摩書房）
大村 彦次郎・著
定価1470円

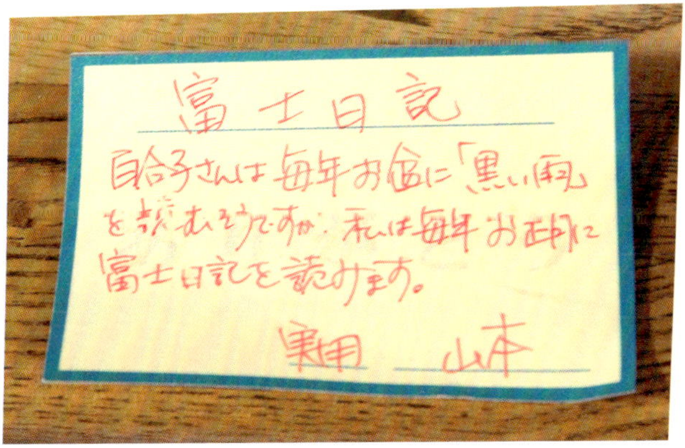
富士日記
百合子さんは毎年お盆に「黒い雨」
を読むそうですが、私は毎年お正月に
富士日記を読みます。
実用　山本

富士日記〈上・中・下〉（中央公論新社）
武田 百合子・著
定価各980円

のぼうの城
「ハリウッド映画の
爽快感!」
2012年秋公開
下
主演 野村萬斎
のぼうの城
時代小説ってちょっと堅苦しい…。
と思ってましたが『のぼうの城』は違います!!
是非読んでみて下さい。
櫻井

のぼうの城（小学館）
和田 竜・著
定価1575円

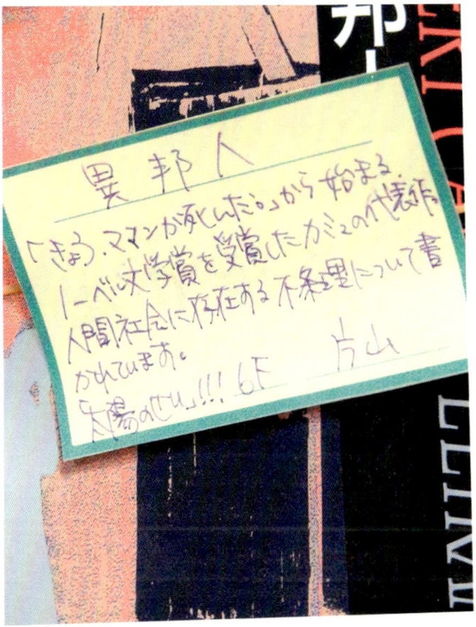
異邦人
「きょう、ママンが死んだ。」から始まる
ノーベル文学賞を受賞したカミュの代表作。
人間社会に存在する不条理について書
かれています。
片山
太陽のせい!!! 6F

異邦人（新潮社）
カミュ・著
窪田 啓作・訳
定価420円

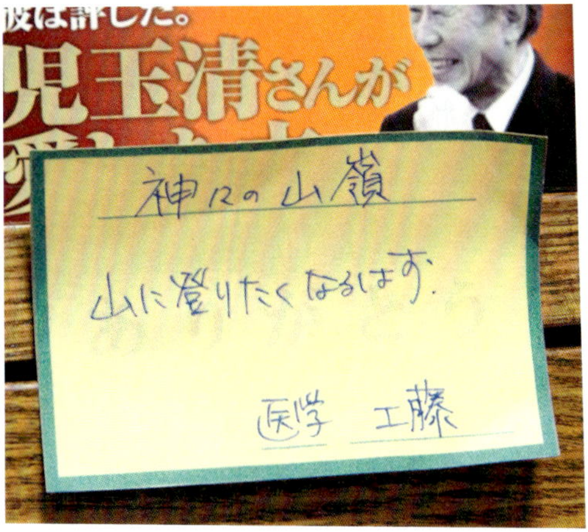

神々の山嶺〈上・下〉（集英社）
夢枕 獏・著
定価各760円、840円

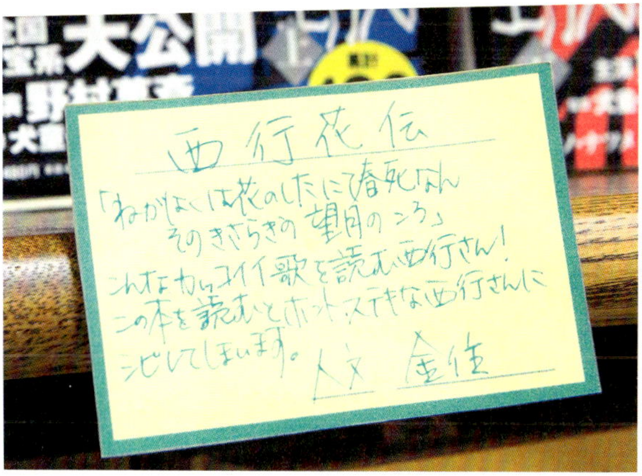
大公開
西行花伝
「ねがはくは花のしたにて春死なん
そのきさらぎの望月のころ」
こんなカッコイイ歌を読む西行さん!
この本を読むとホント ステキな西行さんに
シビレてしまいます。
人文

西行花伝（新潮社）
辻 邦生・著
定価980円

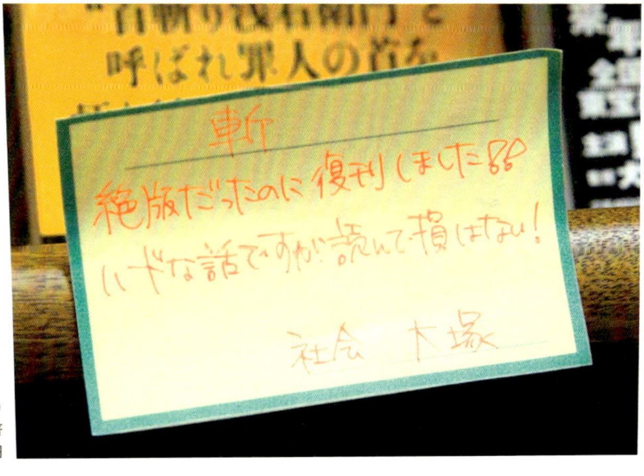
斬
絶版だったのに復刊しました!!
ハードな話ですが読んで損はない!
社会

斬（文藝春秋）
綱淵 謙錠・著
定価790円

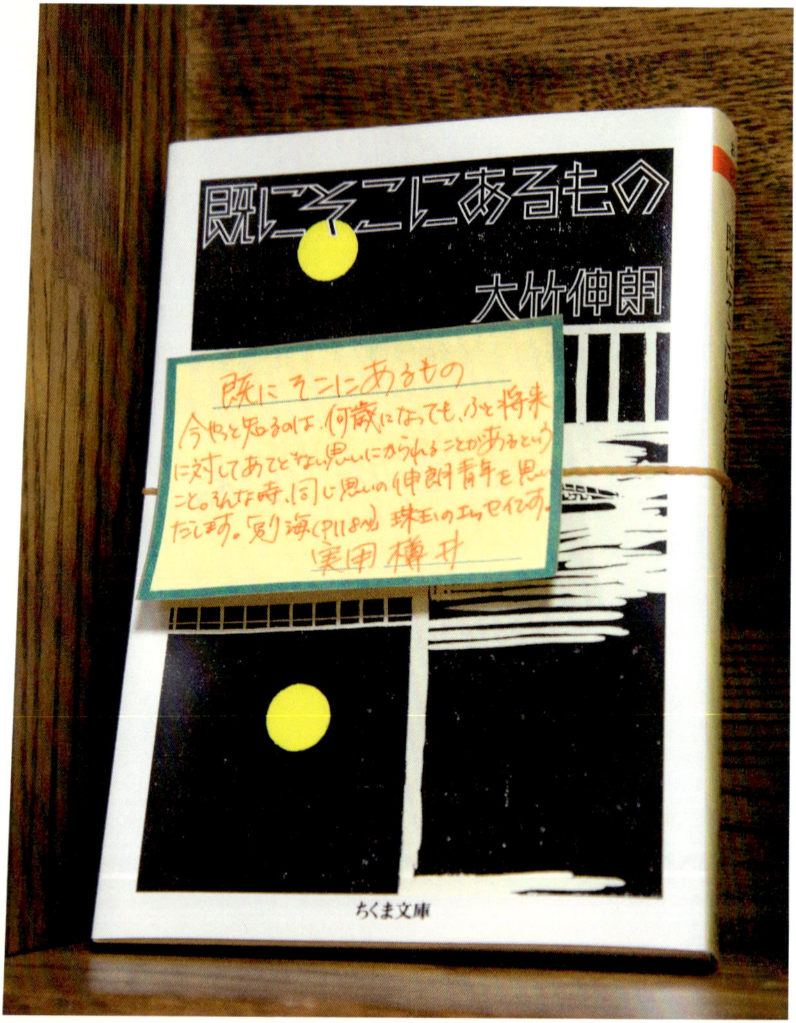
既にそこにあるもの
大竹伸朗
既にそこにあるもの
今やっと知るのは、何歳になっても、ふと将来
に対してあてどない思いにかられることがあるという
こと。そんな時、同じ思いの伸朗青年を思い
だします。「別海(P118〜)」珠玉のエッセイです。
実用 樽井
ちくま文庫

既にそこにあるもの（筑摩書房）
大竹 伸朗・著
定価1470円

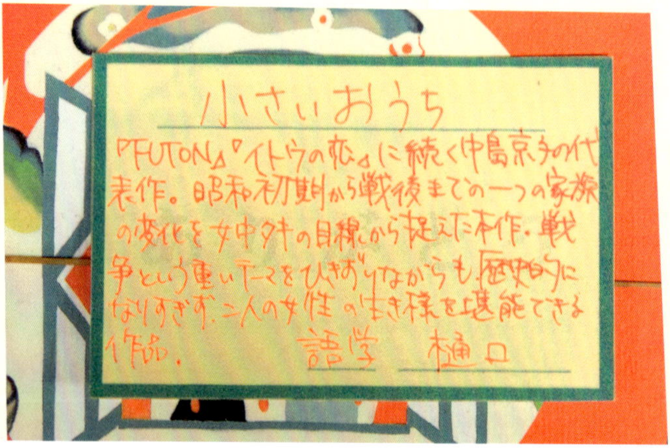
小さいおうち
『FUTON』『イトウの恋』に続く中島京子の代
表作。昭和初期から戦後までの一つの家族
の変化を女中タキの目線から捉えた本作。戦
争という重いテーマをひきずりながらも歴史的に
なりすぎず、二人の女性の生き様を堪能できる
作品。 語学 樋口

小さいおうち（文藝春秋）
中島 京子・著
定価1660円

川上未映子
Kawakami Mieko
ぜんぶの後に残るもの
ぜんぶの後に残るもの
心も体も震え続けていた"あの日"の
わたしが このエッセイで慰められた
気がします。
社会　関根
津波にも地震にも
奪いきれないものが、
わたしたちのなかにはある。
新聞、ネットで大反響
新潮社　定価：本体1200円（税別）
〈週刊新潮＆日経新聞好評連載〉
磯﨑憲一郎

ぜんぶの後に残るもの（新潮社）
川上 未映子・著
定価1260円

東京タワー
オカンとボクと、時々、オトン（扶桑社）
リリー・フランキー・著
定価1575円

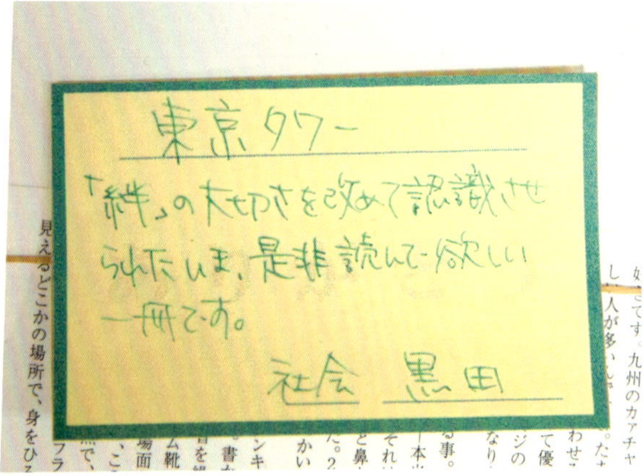
東京タワー
「絆」の大切さを改めて認識させられたいま、是非読んで欲しい一冊です。
社会 黒田

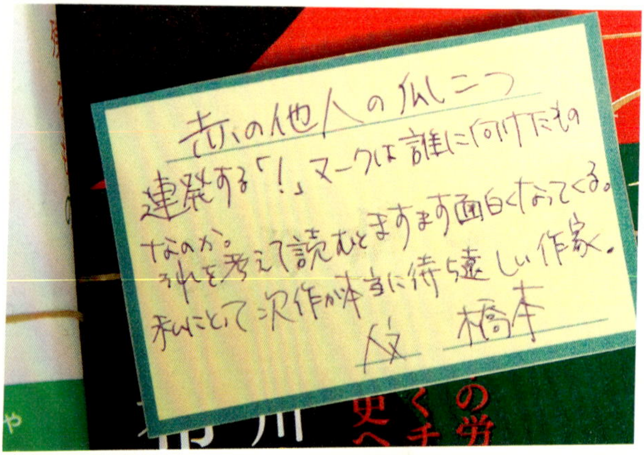
赤の他人の瓜二つ
連発する「！」マークは誰に向けたものなのか。それを考えて読むとますます面白くなってくる。
私にとって次作が本当に待ち遠しい作家。
文 橋本

赤の他人の瓜二つ（講談社）
磯崎 憲一郎・著
定価1470円

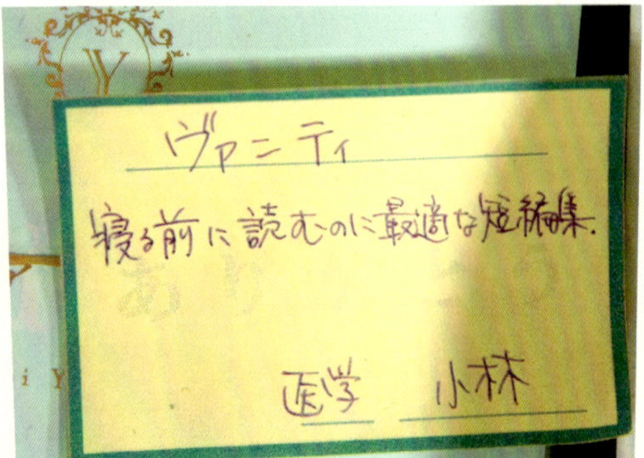
ヴァニティ
寝る前に読むのに最適な短編集。
医学 小林

ヴァニティ（光文社）
唯川 恵・著
定価945円

小説・秒速5センチメートル
（メディアファクトリー）
新海 誠・著
定価1365円

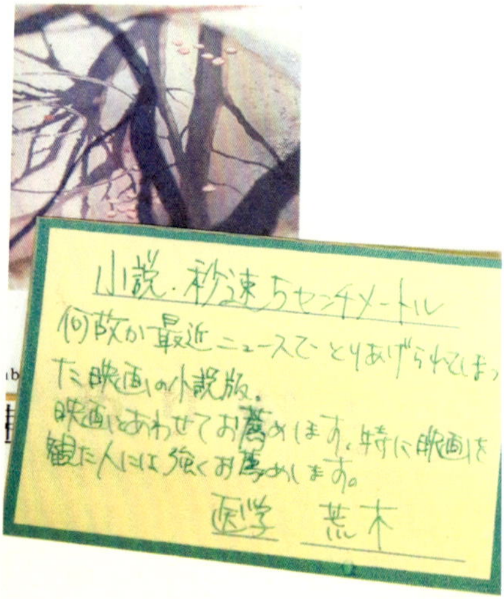
小説・秒速5センチメートル
何故か最近ニュースでとりあげられていた映画の小説版。
映画とあわせてお薦めします。特に映画を観た人には強くお薦めします。
医学 荒木

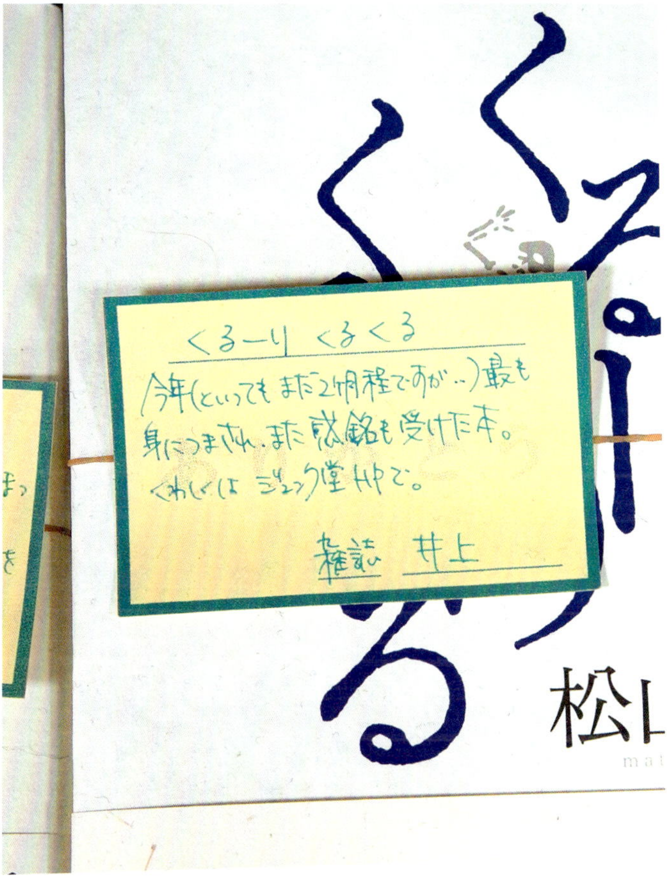
くるーり くるくる
今年(といってもまだ2ヶ月程ですが…)最も身につまされ、また感銘も受けた本。
くわしくはジュンク堂HPで。
雑誌 井上

くるーりくるくる（幻戯書房）
松山 巌・著
定価1995円

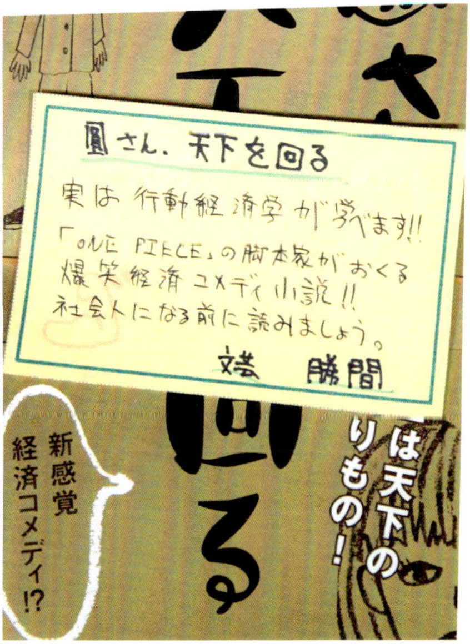
圓さん、天下を回る
実は 行動経済学が学べます!!
「ONE PIECE」の脚本家がおくる爆笑経済コメディ小説!!
社会人になる前に読みましょう。
文芸 勝間
新感覚
経済コメディ!?

圓さん、天下を回る（柑出版社）
升本 九八・著
定価1050円

後巷説百物語（角川書店）
京極 夏彦・著
定価2100円

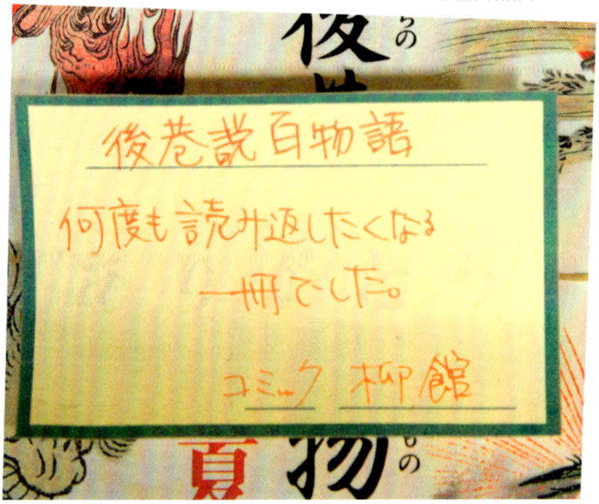
後巷説百物語
何度も読み返したくなる一冊でした。
コミック 柳館

「『ジューシー』ってなんですか?」
（集英社）
山崎 ナオコーラ・著
定価450円

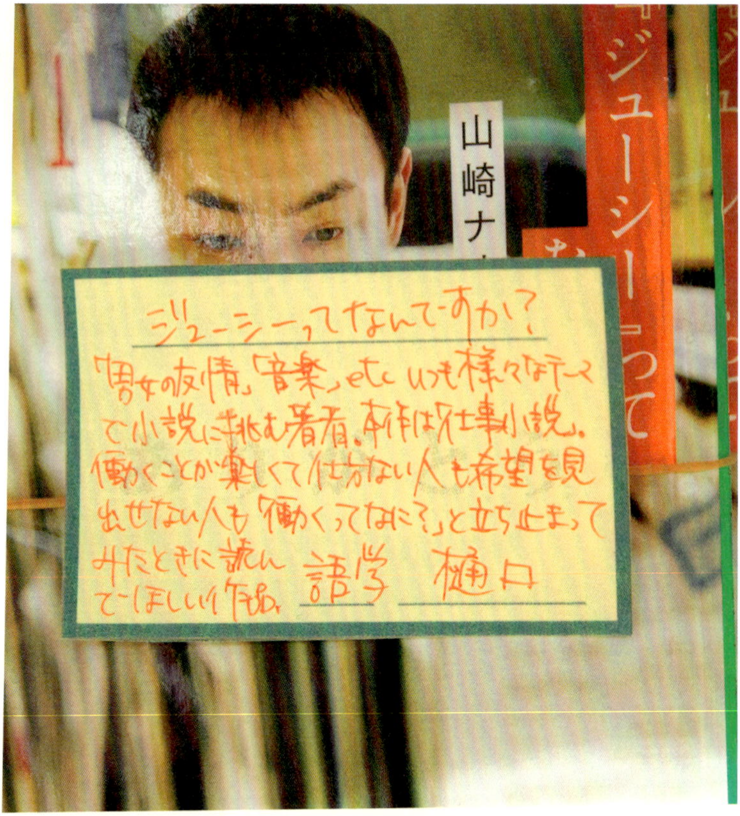
ジューシーってなんですか？
「男女の友情」「音楽」etc. いつも様々なテーマで小説に挑む著者。本作は「仕事小説」。
働くことが楽しくて仕方ない人も希望を見出せない人も「働くってなに？」と立ち止まってみたときに読んでほしい作品。
語学 樋口

トリツカレ男（新潮社）
いしい しんじ・著
定価380円

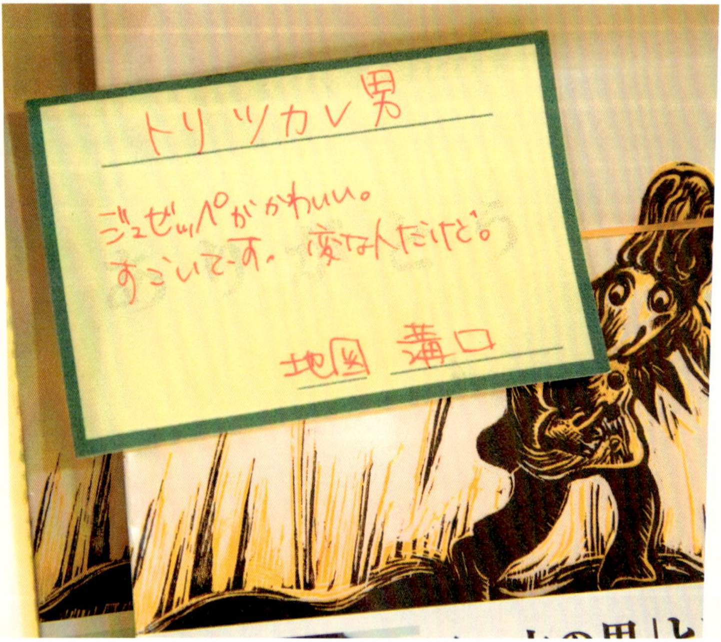
トリツカレ男
ジュゼッペがかわいい。
すごいです。変な人だけど。
地図

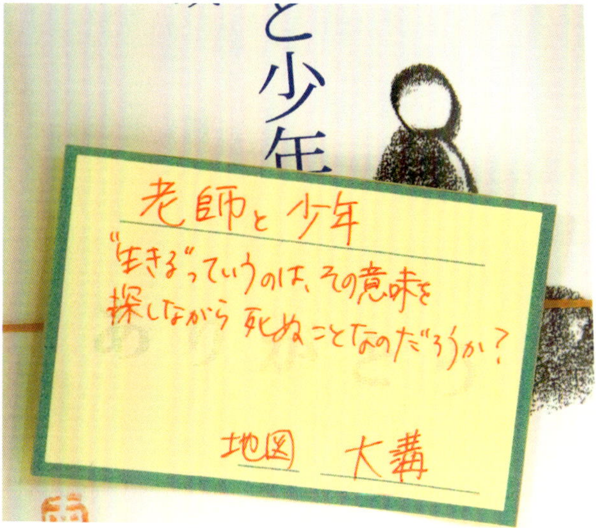
老師と少年
"生きる"っていうのは、その意味を探しながら死ぬことなのだろうか？
地図

老師と少年（新潮社）
南 直哉・著
定価340円

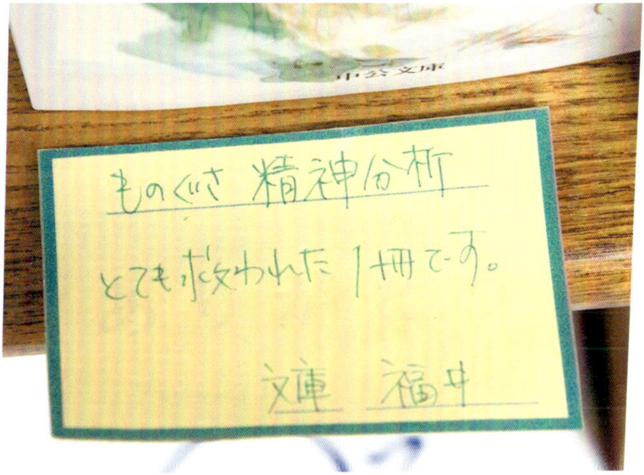
ものぐさ 精神分析
とても救われた1冊です。
文庫 福井

ものぐさ精神分析（中央公論新社）
岸田 秀・著
定価920円

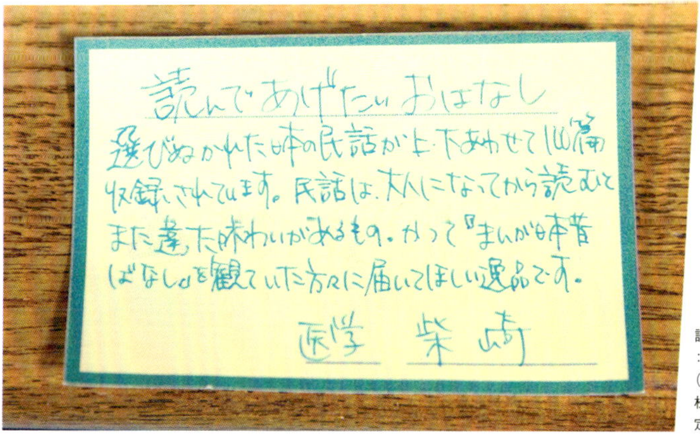
読んであげたいおはなし
選びぬかれた日本の民話が上・下あわせて110篇収録されています。民話は、大人になってから読むとまた違った味わいがあるもの。かつて『まんが日本昔ばなし』を観ていた方々に届いてほしい逸品です。
医学 柴崎

読んであげたいおはなし
：松谷みよ子の民話〈上・下〉
（筑摩書房）
松谷 みよ子・著
定価各882円

アカネちゃんの涙の海（講談社）
松谷 みよ子・著
定価610円

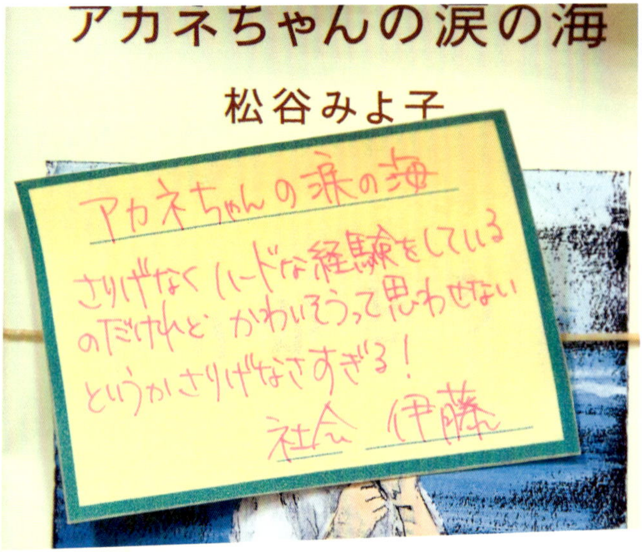

さりげなくハードな経験をしている
のだけれど かわいそうって思わせない
というかさりげなさすぎる！

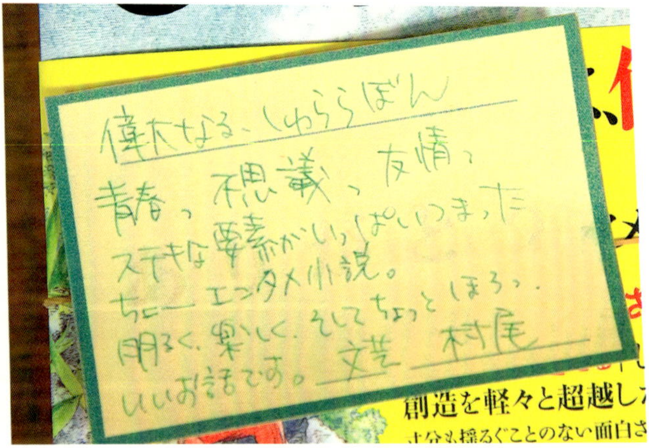
偉大なる、しゅららぼん
青春っ、不思議っ、友情っ
ステキな要素がいっぱいつまった
ちょーエンタメ小説。
明るく、楽しく、そしてちょっとほろっ。
いいお話です。
文芸 村尾

偉大なる、しゅららぼん（集英社）
万城目 学・著
定価1700円

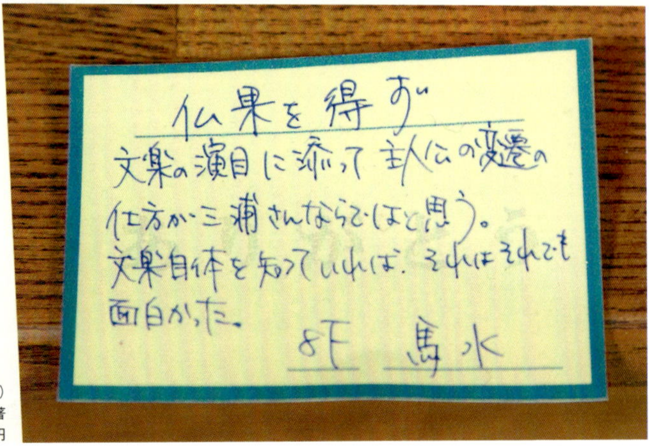
仏果を得ず
文楽の演目に添って主人公の変遷の
仕方が三浦さんならではと思う。
文楽自体を知っていれば、それはそれでも
面白かった。
8F 島水

仏果を得ず（双葉社）
三浦 しをん・著
定価630円

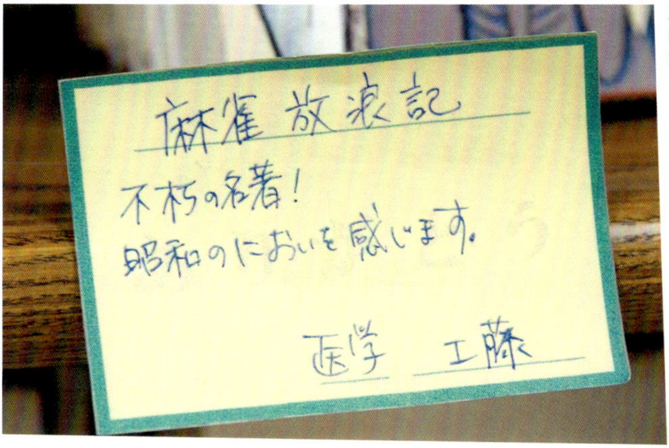

麻雀放浪記〈一〜四〉(角川書店)
阿佐田 哲也・著
定価各580円

> 麻雀 放浪記
> 不朽の名著!
> 昭和のにおいを感じます。
>
> 医学　工藤

> 流しのしたの骨
>
> 流しの下の骨
> 不思議な一家、不思議な家族。
> でも よその家って 大体 ふしぎですよね。
>
> 8F　丸山

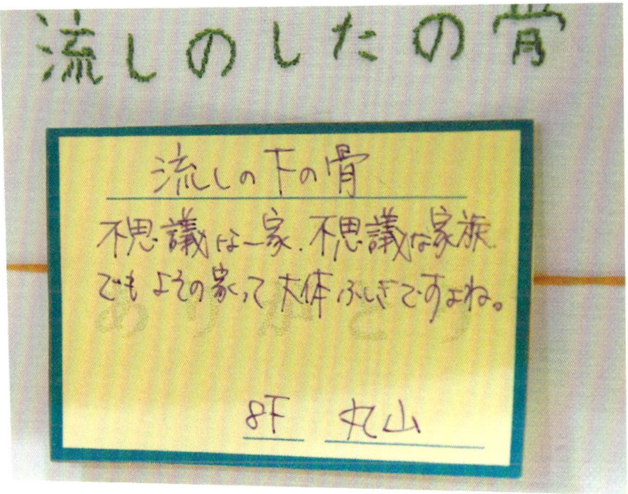

流しのしたの骨(新潮社)
江國 香織・著
定価540円

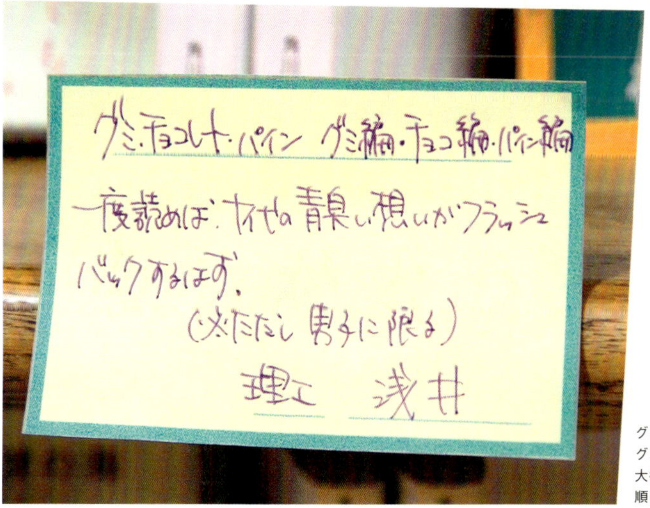

> グミ・チョコレート・パイン　グミ編・チョコ編・パイン編
> 一度読めば、十代の青臭い想いがフラッシュ
> バックするはず。
> 　　(※ただし 男子に限る)
>
> 理工　浅井

グミ・チョコレート・パイン
グミ編　チョコ編　パイン編(角川書店)
大槻 ケンヂ・著
順に定価620円、620円、680円

コインロッカー・ベイビーズ（講談社）
村上 龍・著
定価920円

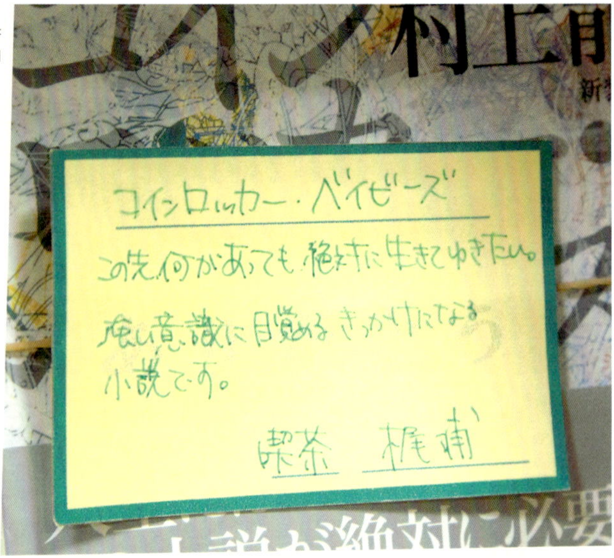
コインロッカー・ベイビーズ
この先何があっても絶対に生きてゆきたい。
強い意識に目覚めるきっかけになる
小説です。
喫茶 梶浦

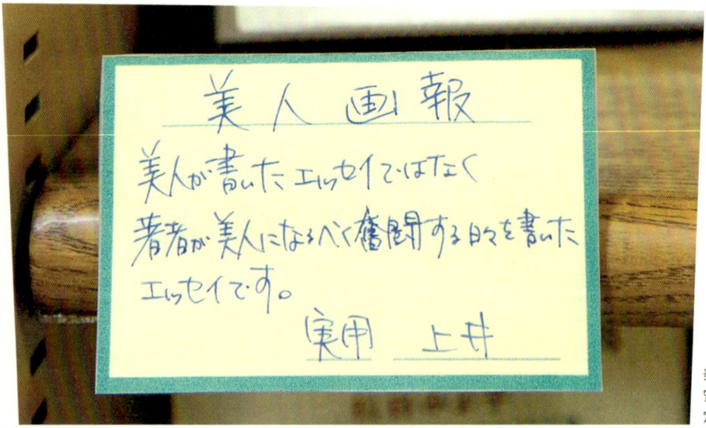
美人画報
美人が書いたエッセイではなく
著者が美人になるべく奮闘する日々を書いた
エッセイです。
実用 上井

美人画報（講談社）
安野 モヨコ・著
定価520円

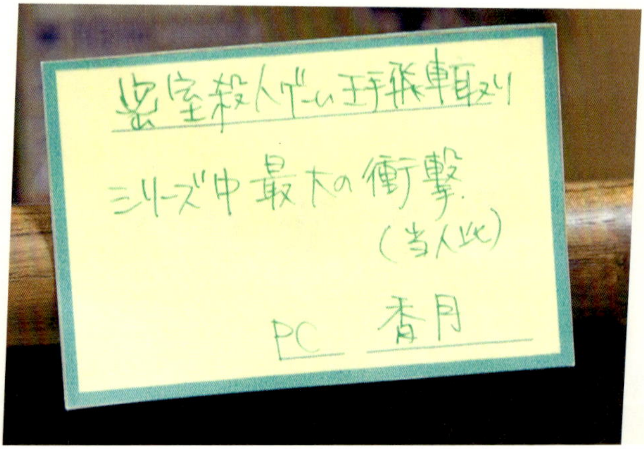
密室殺人ゲーム王手飛車取り
シリーズ中最大の衝撃
（当人比）
PC 香月

密室殺人ゲーム王手飛車取り（講談社）
歌野 晶午・著
定価1040円

此処 彼処（新潮社）
川上 弘美・著
定価460円

此処 彼処
川上弘美
此処 彼処
過ぎ去った時間、今はもうなくなってしま
った場所に
「ゆっくりさよならをとなえる」
担 梅田

女王の百年密室
—GOD SAVE THE QUEEN（新潮社）
森 博嗣・著
定価820円

幻だった衝撃のシリーズ二作目
がついに復刊！
心優しき中年男性（妻子あり）の日常
から目が離せません。
男のあるべき姿がここにある ⑪

ぶたぶた（徳間書店）
矢崎存美・著
定価650円

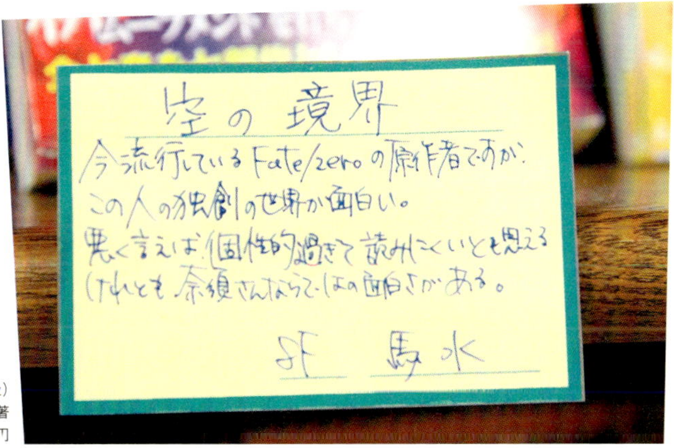

空の境界
今流行っているFate/zeroの原作者ですが
この人の独創の世界が面白い。
悪く言えば個性的過ぎて読みにくいとも思える
けれども奈須さんならではの面白さがある。

空の境界〈上・中・下〉（講談社）
奈須 きのこ・著
順に定価000円、000円、000円

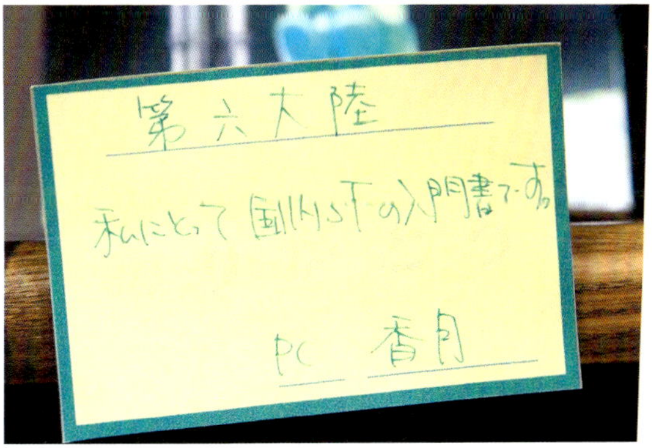

私にとって国内SFの入門書です

第六大陸〈1・2〉（早川書房）
小川 一水・著
定価714円

東京異聞（新潮社）
小野 不由美・著
定価620円

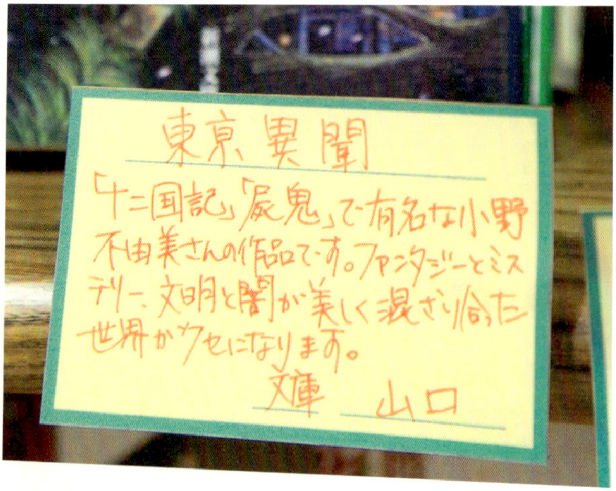
東京異聞
「十二国記」「屍鬼」で有名な小野
不由美さんの作品です。ファンタジーとミス
テリー、文明と闇が美しく混ざり合った
世界がクセになります。
文庫 山口

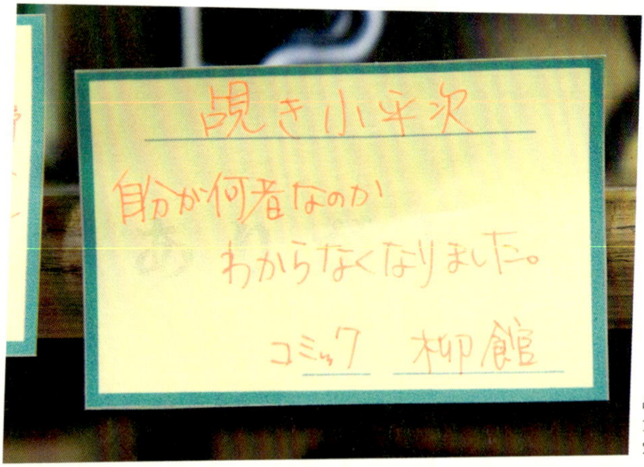
覘き小平次
自分が何者なのか
わからなくなりました。
コミック 柳館

覘き小平次（角川書店）
京極 夏彦・著
定価660円

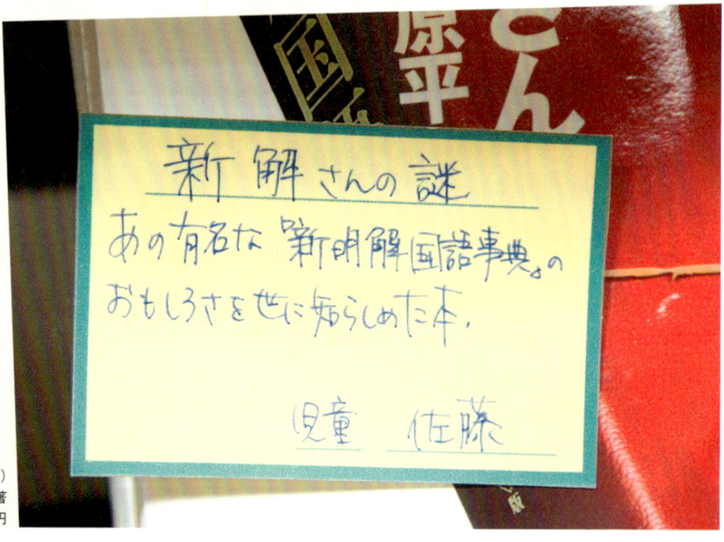
新解さんの謎
あの有名な『新明解国語事典』の
おもしろさを世に知らしめた本.
児童 佐藤

新解さんの謎（文藝春秋）
赤瀬川 原平・著
定価540円

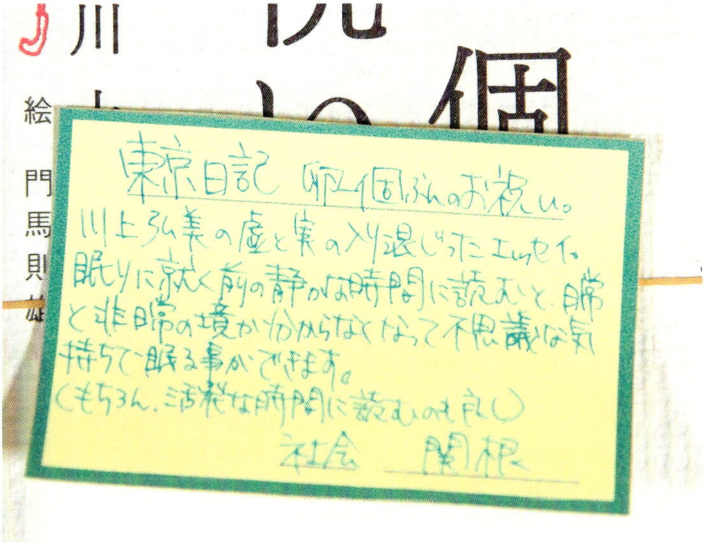
東京日記 卵一個ぶんのお祝い。
川上弘美の虚と実の入り混じったエッセイ。
眠りに就く前の静かな時間に読むと、日常と非日常の境が分からなくなって不思議な気持ちで眠る事ができます。
（もちろん、活発な時間に読むのも良し）
社会　関根

東京日記
卵一個ぶんのお祝い。（平凡社）
川上 弘美・著
門馬 則雄・イラスト
定価1260円

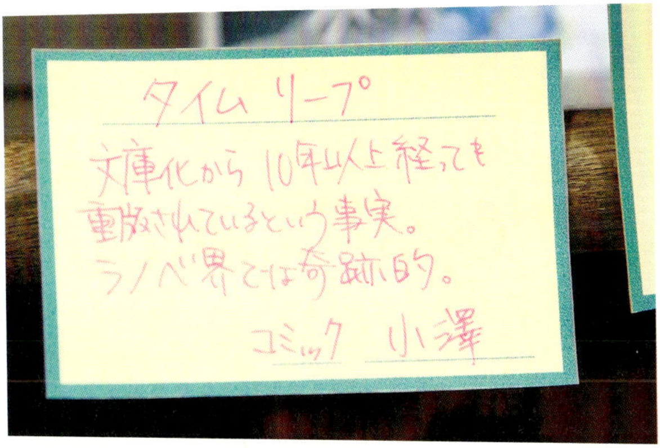
タイム リープ
文庫化から10年以上経っても
重版されているという事実。
ラノベ界では奇跡的。
コミック　小澤

タイム・リープ
―あしたはきのう〈上・下〉
（メディアワークス）
高畑 京一郎・著
衣谷 遊・イラスト
定価各509円

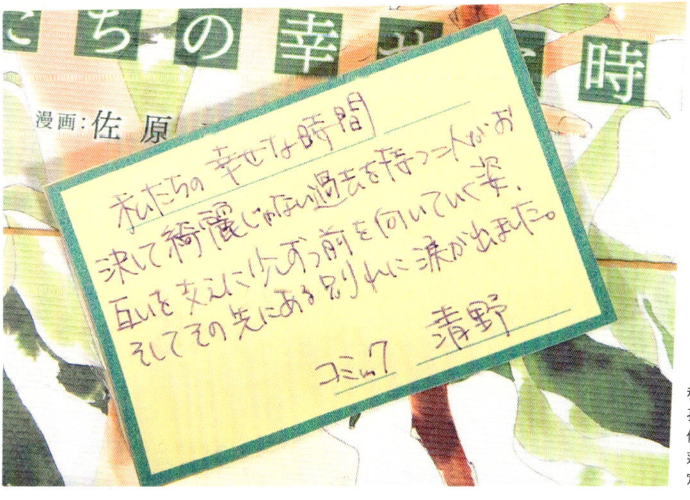
私たちの幸せな時間
決して綺麗じゃない過去を持つ二人がお互いを支えに少しずつ前を向いていく姿。
そしてその先にある別れに涙が出ました。
コミック　青野

私たちの幸せな時間（新潮社）
孔 枝泳・著
佐原 ミズ・イラスト
蓮池 薫・訳
定価980円

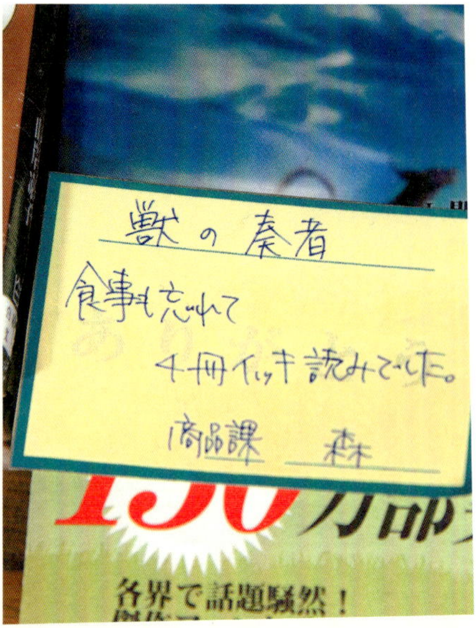
獣の奏者
食事も忘れて
4冊イッキ読みでした。
商品課 森
各界で話題騒然！

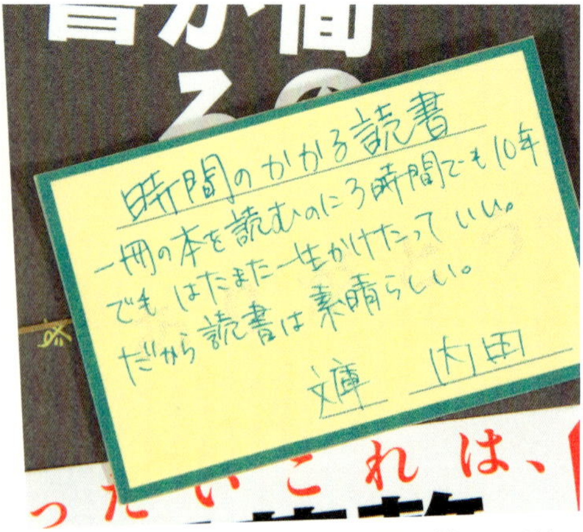
時間のかかる読書
一冊の本を読むのに3時間でも10年
でもはたまた一生かけたっていい。
だから読書は素晴らしい。
文庫 内田

時間のかかる読書 ―
横光利一『機械』を巡る素晴らしきぐずぐず
（河出書房新社）
宮沢 章夫・著
定価1680円

獣の奏者〈1～4〉（講談社）
上橋 菜穂子・著
定価各1680円

こちらあみ子（筑摩書房）
今村 夏子・著
定価1470円

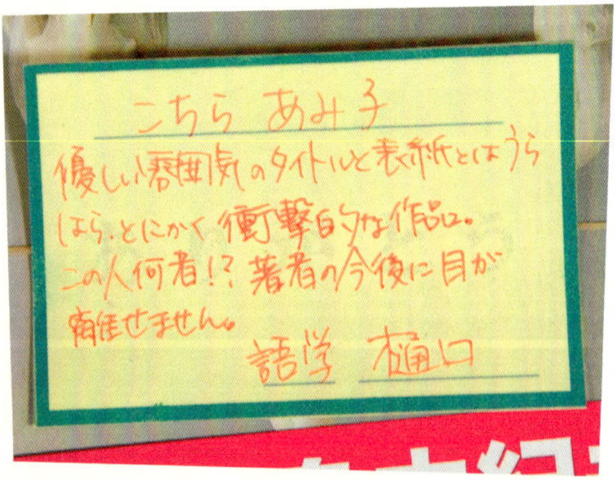
こちらあみ子
優しい雰囲気のタイトルと表紙とはうら
はら、とにかく衝撃的な作品。
この人何者!?著者の今後に目が
離せません。
語学 樋口

日出処の天子（第7巻）（白泉社）
山岸 凉子・著
定価590円

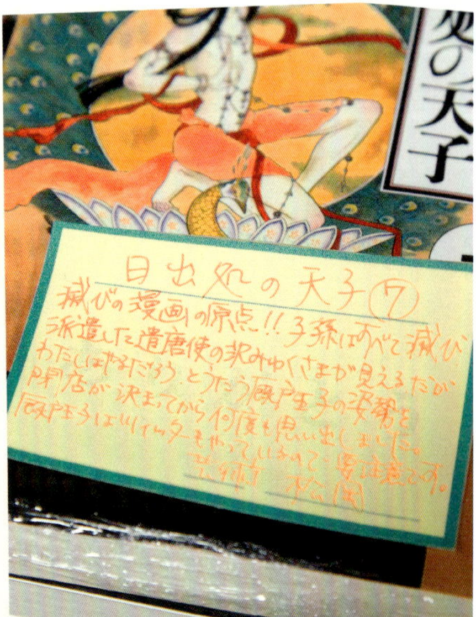
日出処の天子⑦
滅びの漫画の原点!!子孫はすべて滅び
閉店が決まってから何度も思い出しました。

敵は海賊・海賊版（早川書房）
神林 長平・著
定価798円

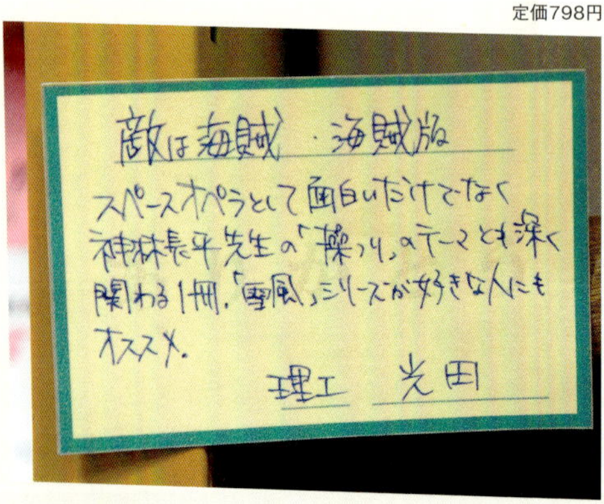
敵は海賊・海賊版
スペースオペラとして面白いだけでなく
神林長平先生の「操り」のテーマとも深く
関わる1冊。「雪風」シリーズが好きな人にも
オススメ。
理工 光田

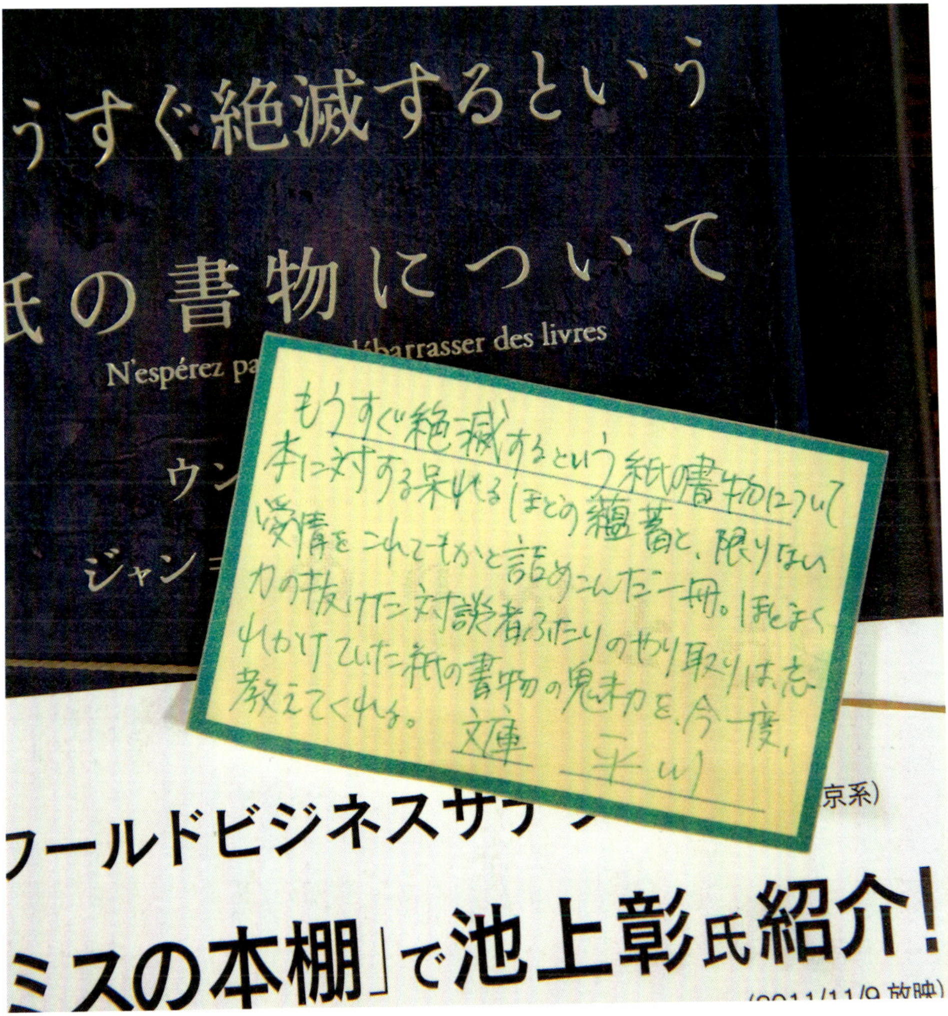

うすぐ絶滅するという
の書物について
barrasser des livres
もうすぐ絶滅するという紙の書物について
本に対する呆れるほどの蘊蓄と、限りない
愛情をこれでもかと詰めこんだ一冊。ほどよく
力の抜けた対談者ふたりのやり取りは、忘
れかけていた紙の書物の魅力を、今一度、
教えてくれます。
文庫　平山
フールドビジネスサ
ミスの本棚」で池上彰氏紹介！

もうすぐ絶滅するという紙の書物について
（阪急コミュニケーションズ）
ウンベルト・エーコ、ジャン＝クロード・カリエール・著
工藤 妙子・訳
定価2940円

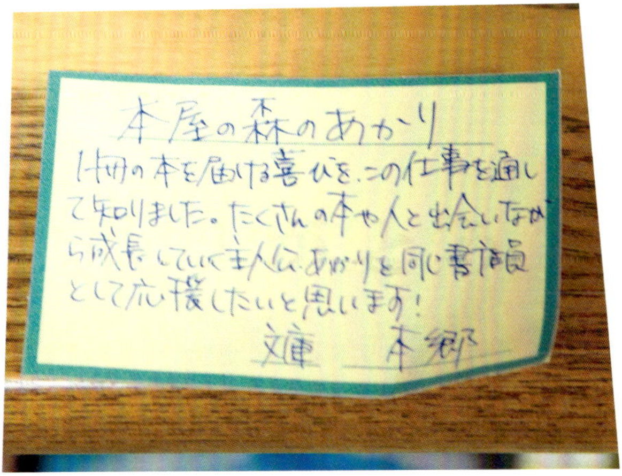

本屋の森のあかり
1冊の本を届ける喜びを、この仕事を通して知りました。たくさんの本や人と出会いながら成長していく主人公・あかりを同じ書店員として応援したいと思います！
文庫　本郷

本屋の森のあかり（講談社）
磯谷 友紀・著
定価420円

山賊ダイアリー（講談社）
岡本 健太郎・著
定価570円

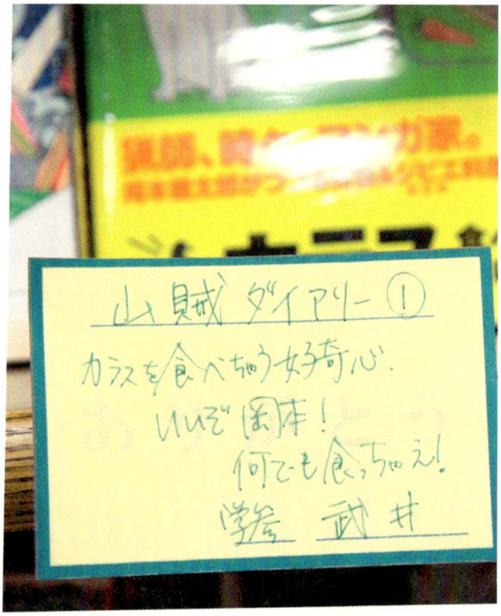
山賊ダイアリー①
カラスを食べちゃう好奇心。
いいぞ岡本！
何でも食っちゃえ！
学芸 武井

ガートルードのレシピ〈1,2〉（白泉社）
草川 為・著
順に定価790円、770円

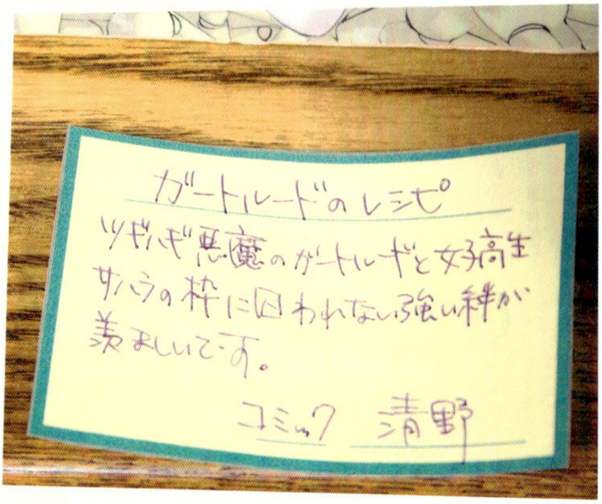
ガートルードのレシピ
ツギハギ悪魔のガートルードと女子高生
サハラの枠に囚われない強い絆が
美しいです。
コミック 清野

きのう何食べた？〈1〉（講談社）
よしなが ふみ・著
定価590円

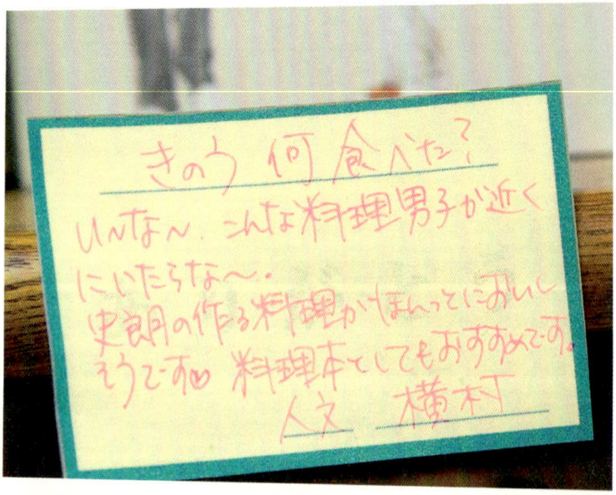
きのう何食べた？
いいな～、こんな料理男子が近く
にいたらな～。
史朗の作る料理がほんっとにおいし
そうです♡ 料理本としてもおすすめです。
人文 横村

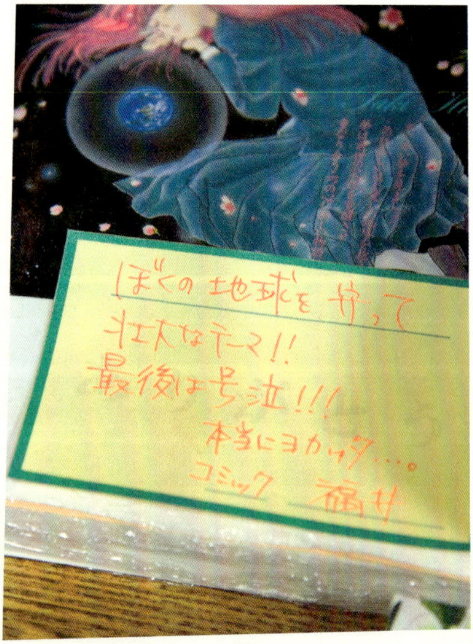
ぼくの地球を守って
壮大なテーマ!!
最後は号泣!!!
本当にヨカッタ…。
コミック 福井

ぼくの地球を守って〈全12巻〉（白泉社）
日渡 早紀・著
定価650～680円

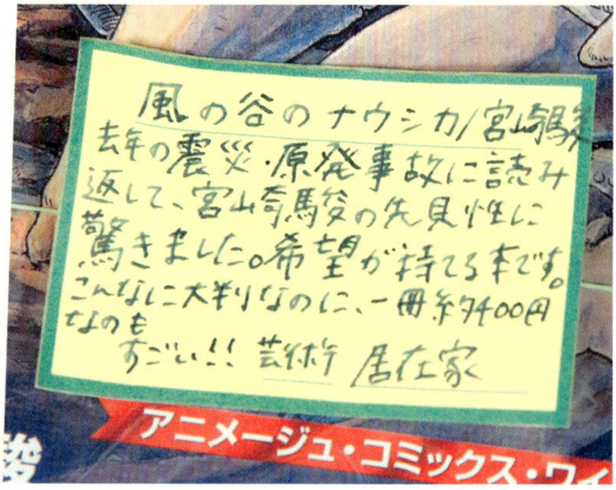
風の谷のナウシカ／宮崎駿
去年の震災・原発事故に読み
返して、宮崎駿の先見性に
驚きました。希望が持てる本です。
こんなに大判なのに、一冊約400円
なのも
すごい!! 芸術 居在家
アニメージュ・コミックス・ワイ

ワイド版 風の谷のナウシカ
7巻セット（徳間書店）
宮崎 駿・著
定価2987円

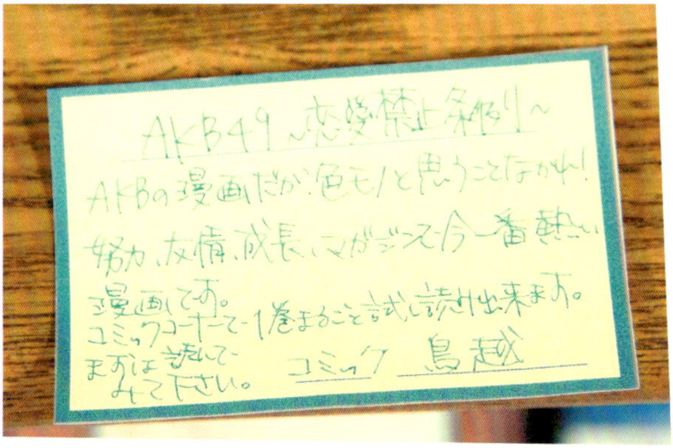

AKB49 ～恋愛禁止条例～
AKBの漫画だから色モノと思うことなかれ!
努力、友情、成長、マガジンで今一番熱い
漫画です。
コミックコーナーで1巻まるごと試し読み出来ます。
まずは読んでみて下さい。
コミック　島越

ＡＫＢ49～恋愛禁止条例～（講談社）
宮島礼吏・著
定価440円

G戦場ヘヴンズドア〈1～3〉（小学館）
日本橋 ヨヲコ・著
定価各590円

トリハダたちます。

私たちが生きる世界はどうしようもなく
汚い。だからこそその汚さも全て抱きしめて
生きようとする日本橋ヨヲコのキャラクターは
美しい。これを読めば漫画がもっともっと好き
になるにきまってる!

売り場担当より

〝ありがとう〟がいっぱいです。

電車の中、カフェや喫茶店、待ち合わせの街角……いろいろなシーンで熱心に本を読んでらっしゃる人に遭遇します。何を読んでいるのか気になることってありませんか？また、本を読むのって結構体力使いませんか？　何かしら続けて読んでいるとそうでもないのですが、少し間が空いてしまったり、おもしろい超大作を読んだ後とかは特に、次もぜひ楽しめるものを、なんて考えてしまったり……。そんな時、これは間違いない！鉄板！　なんておススメされたりすると、あ、気になるかも、ってなりませんか？　あたしはなります！　それが面識のない人はもちろん、知り合いならなおさらです。

ちょうど夏休みにかかる時期のフェアを考えていました。読書をするのに少しまとまった時間が取れる。そして普段あまり書店に来られない方の来店されるチャンスも見込める。しかもタイミング的にちょっと大きなフェア台が使えたりする。店員のおススメ本フェアは元々そんなところから始まりました。それでどうせなら文芸担当者だけでなく他ジャンル、他階、いやいやフロアになかなか出られないレジスタッフ、事務所、商品課、喫茶スタッフ、もちろん店長まで含めて丸めこんでしまえ、なんて、その時働いていたスタッフ全員にアンケートを配布することにしました。その回答も様々。たくさん書いてきてくれる人もいれば、考えに考え抜いた一冊を出す人も。本へのコメントも、キャッチーなひと言のみから、どうしても好きすぎて短い言葉では伝えられないと冊子風にとじてきてくれたりと、忙しい自ジャンルの仕事の合間に協力していただきました。閉店までの七年半で三回このフェアをやらせていただきました。毎回、誰がどんな本をどんなコメントで紹介しているのかみんな気になるらしく、仕事上がりや休憩中にポップを見ていろんな感想をやり取りしているのを見かけるのはやはり嬉しかったですし、当たり前ですが、やっぱりみんな本が好きなんだなぁと実感しました。また、いつもであれば一緒の本棚に並ばないような本を同じ棚に並べられるっていうのも目新しくて楽しかったです。出版社さんからもアドバイスをいただいたこともありました。たくさんの人に育てていただいたフェアであったと思います。

最後の〝ありがとう〟フェアではお客様の応援により、こちらが戸惑ってしまうほどの反響でたくさんの方にご来店いただきました。言葉では言い尽くせない〝ありがとう〟でいっぱいです。本当にありがとうございました。

文芸担当　村尾啓子

日本史史料
7F フロアのご案内
買って、読んで、観る!!!
or
観て、買って、読め!!!
ジュンク堂
新宿店江
2010.3.25
横川理彦
っ た！！ フェア
映画
演芸
落語
ドキュメンタリー
この落語家を聴け!
この落語家に訊け!
ムーラン・ルージュ新宿座
モテ記
丘の上のパンク
LINERNOTES
デザイン
演劇
印刷・加工DIYブック

第2章
本音を言えば、この芸術書が売りたかった!!

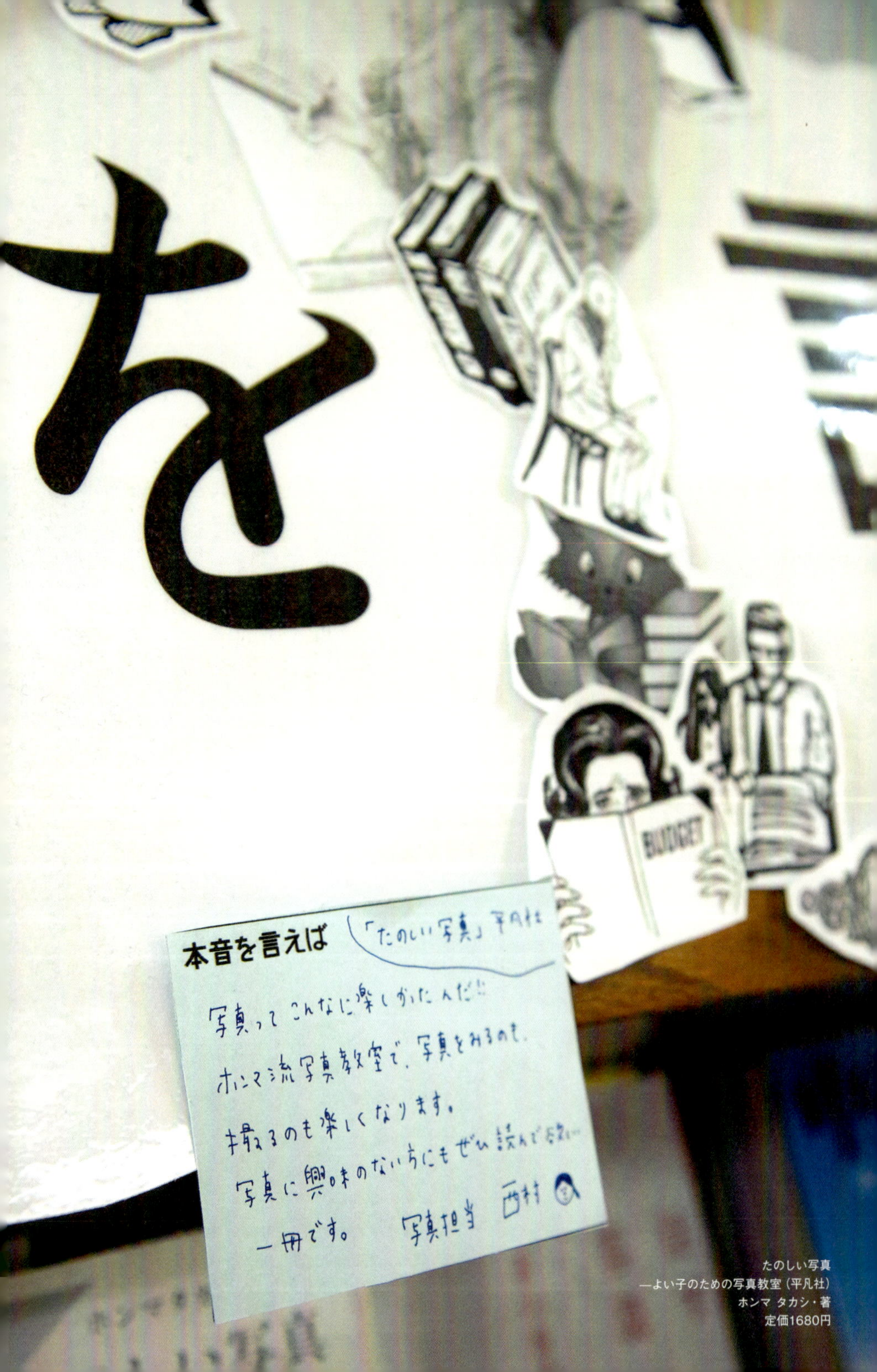
た
BUDGET
本音を言えば
「たのしい写真」平凡社
写真ってこんなに楽しかったんだ!!
ホンマ流写真教室で、写真をみるのも、
撮るのも楽しくなります。
写真に興味のない方にもぜひ読んで欲しい
一冊です。 写真担当 西村

たのしい写真
—よい子のための写真教室（平凡社）
ホンマ タカシ・著
定価1680円

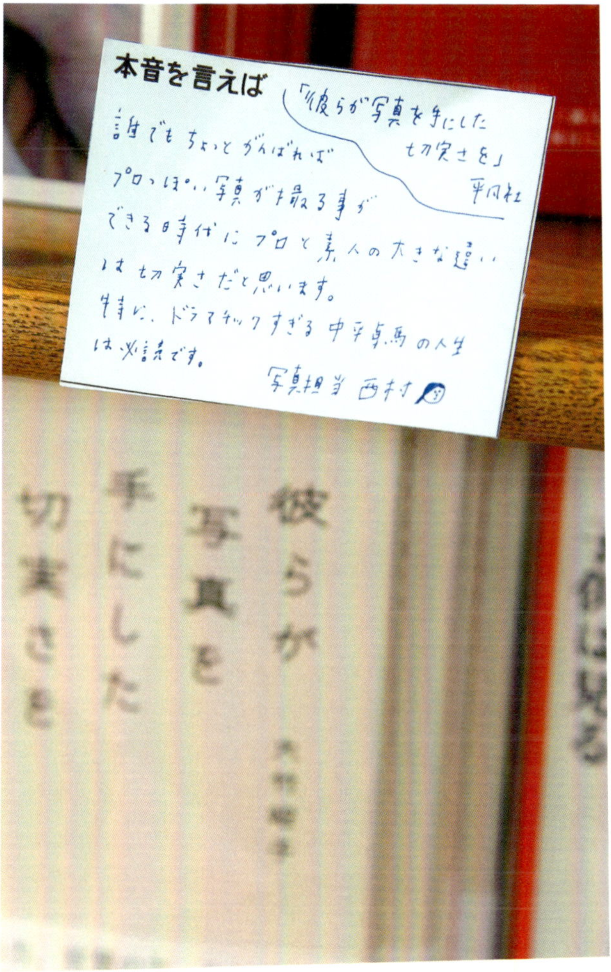
本音を言えば
「彼らが写真を手にした切実さを」
平凡社
誰でもちょっとがんばれば
プロっぽい写真が撮る事が
できる時代にプロと素人の大きな違い
は切実さだと思います。
特に、ドラマチックすぎる中平卓馬の人生
は必読です。
写真担当 西村
彼らが写真を手にした切実さを

彼らが写真を手にした切実さを
―《日本写真》の50年（平凡社）
大竹 昭子・著
定価2205円

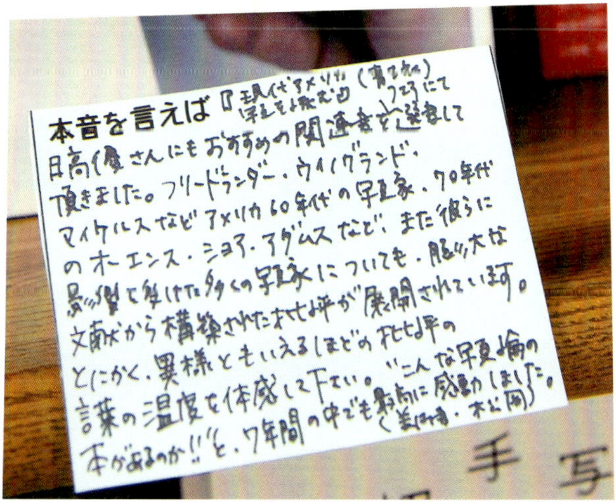
本音を言えば『現代アメリカ写真を読む』（青弓社）
日高優さんにもおすすめの関連書をフェアにて選書して
頂きました。フリードランダー、ウィノグランド、
マイケルスなどアメリカ60年代の写真家、70年代
のオーエンス・ショア・アダムスなど。また彼らに
影響を受けた多くの写真家についても、膨大な
文献から構築された批評が展開されています。
とにかく、異様ともいえるほどの批評の
言葉の温度を体感して下さい。"こんな写真論の
本があるのか!!"と、7年間の中でも最高に感動しました。

現代アメリカ写真を読む
―デモクラシーの眺望（青弓社）
日高 優・著
定価3150円

子供は見る（岩波書店）
岩波書店、岩波映画製作所・著
定価735円

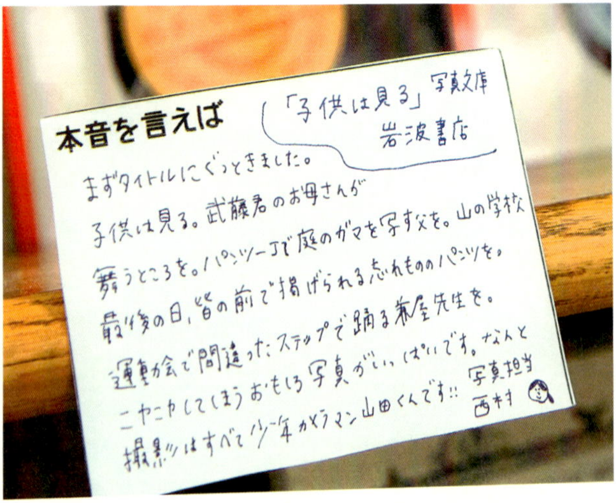
本音を言えば
「子供は見る」写真文庫
岩波書店
まずタイトルにぐっときました。
子供は見る。武藤君のお母さんが
舞うところを。パンツ一丁で庭のガマを写す父を。山の学校
最後の日、皆の前で掲げられる忘れもののパンツを。
運動会で間違ったステップで踊る茶屋先生を。
ニヤニヤしてしまうおもしろ写真がいっぱいです。なんと
撮影はすべて少年カメラマン山田くんです!!
写真担当
西村

たのしい写真
—よい子のための写真教室（平凡社）
ホンマ タカシ・著
定価1680円

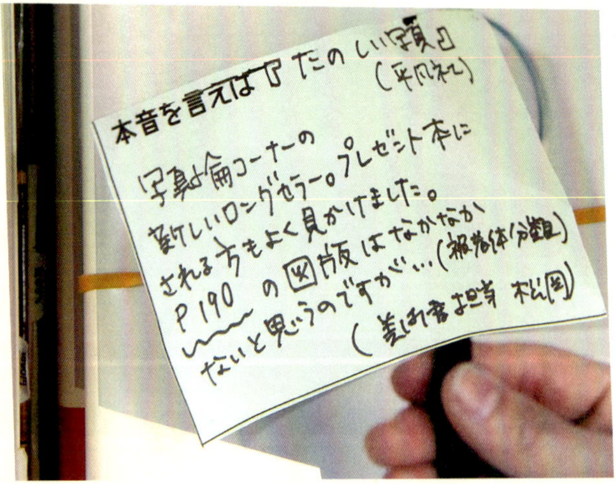
本音を言えば『たのしい写真』
（平凡社）
写真論コーナーの
新しいロングセラー。プレゼント本に
される方もよく見かけました。
P190 の図版はなかなか
ないと思うのですが…（報告体分類）
（美術書担当 松岡）

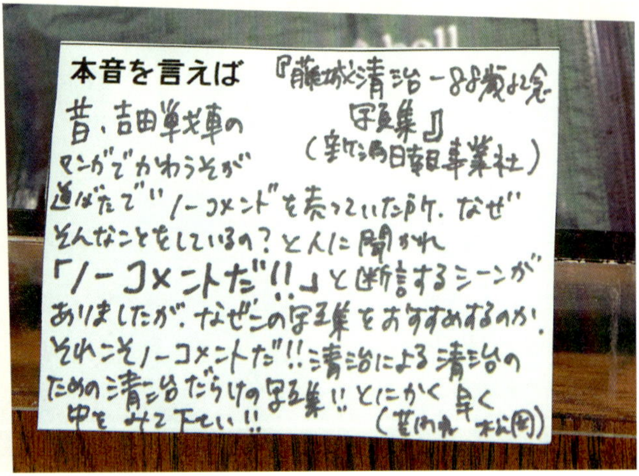
本音を言えば
『藤城清治ー88歳記念写真集』
（新潟日報事業社）
昔、吉田戦車の
マンガでかわうそが
道ばたで"ノーコメント"を売っていた所、なぜ
そんなことをしているの？と人に聞かれ
「ノーコメントだ!!」と断言するシーンが
ありましたが、なぜこの写真集をおすすめするのか。
それこそノーコメントだ!! 清治による清治の
ための清治だらけの写真集!! とにかく早く
中をみて下さい!!
（芸術書 松岡）

藤城清治—88歳記念写真集
（新潟日報事業社）
沢渡 朔・写真
定価2625円

せんだいノート
とりあえず、89ページの
超クリエイターをごらん下さい。
この人がいる限り、今後日本に
爆弾とかは落ちない!! 天災とか
でも多分死なない!!
東日本大震災のため、
発行されなかった
ふるさと再建という
長い道のりの
第一歩として
ついに刊行します。
SENDAI NOTE
付録 東北6県ミュージアム施設分布地図
—ミュージアムって何だろう?
(仙台市市民文化事業団)
仙台市教育委員会・監
仙台宮城ミュージアムアライアンス・編集
定価1470円

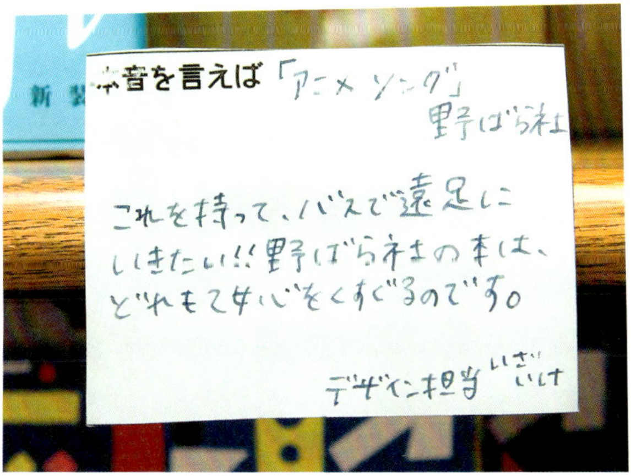

本音を言えば「アニメソング」
野ばら社
これを持って、バスで遠足に
いきたい!! 野ばら社の本は、
どれも乙女心をくすぐるのです。
デザイン担当

アニメソング(野ばら社)
久保 昭二、野ばら社編集部・編集
定価840円

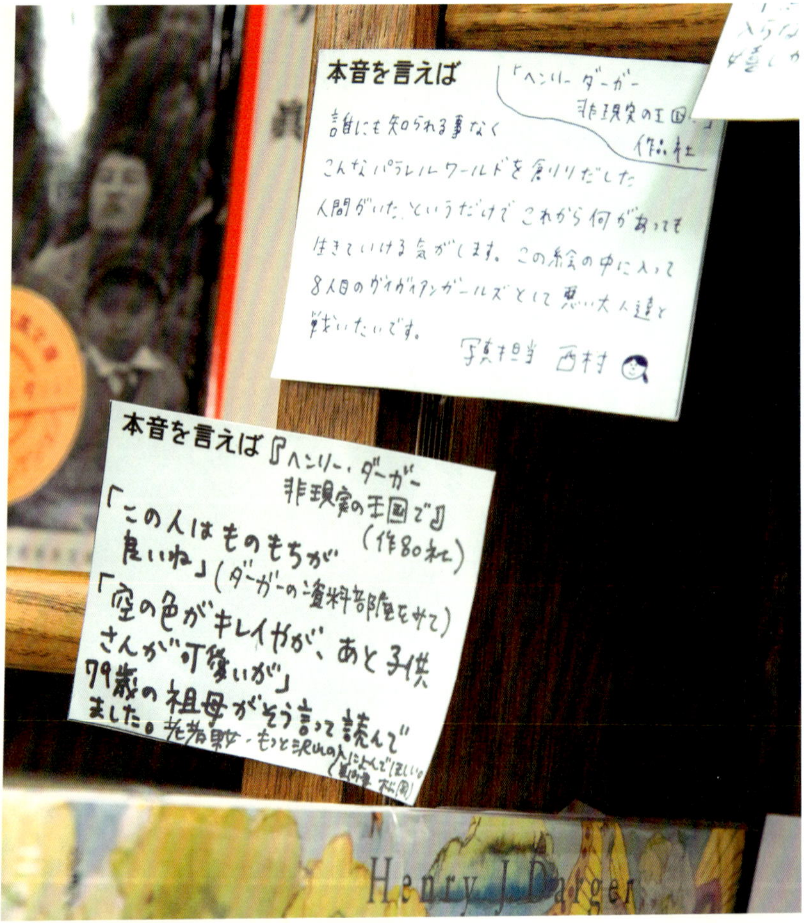
本音を言えば
「ヘンリー・ダーガー 非現実の王国で」作品社
誰にも知られる事なく
こんなパラレルワールドを創りだした
人間がいた、というだけでこれから何があっても
生きていける気がします。この絵の中に入って
8人目のヴィヴィアンガールズとして悪い大人達と
戦いたいです。
写真担当 西村
本音を言えば『ヘンリー・ダーガー 非現実の王国で』
(作品社)
「この人はものもちが良いね」(ダーガーの資料部屋をみて)
「空の色がキレイだが、あと子供さんが可愛いが」
79歳の祖母がそう言って読んでました。老若男女、もっと沢山の人に
Henry J. Darger

ヘンリー・ダーガー 非現実の王国で
(作品社)
ジョン・M. マグレガー・著
小出 由紀子・訳
定価6825円

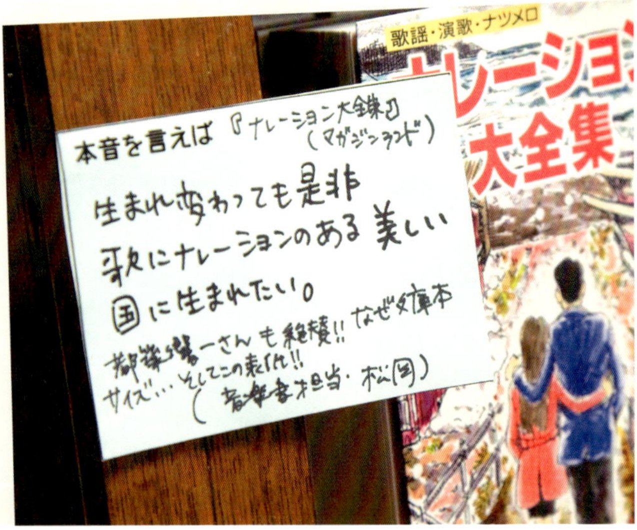

国に生まれたい。
都築響一さんも絶賛!! なぜ文庫本
サイズ…そしてこの表紙!!
歌謡・演歌・ナツメロ
生まれ変わっても是非
ナレーション大全集（マガジンランド）
仲村ゆうじ・著
歌の手帖編集部・編集
定価2100円

本音を言えば『サウンドアート』
(フィルムアート社)
誰かが「そうだよ、中国の司教様が来るんだよ」と教えてくれました。そしてその人が辿り着いた日、私は子どもにしか感じられない強烈な月齢感でワクワクしていました。小さな木造の教会という教会の鐘が鳴りわたり、中国からの訪問者は素晴らしい陽の組んでるのは、あの瞬間の魔法をまた体験したい訳は音楽『インプロヴィゼーション〜テレグベベリー〜』の木幡和枝さんです!! とにかく 中の文章がすばらしいにつきます。(ハリー・ベルトイア)

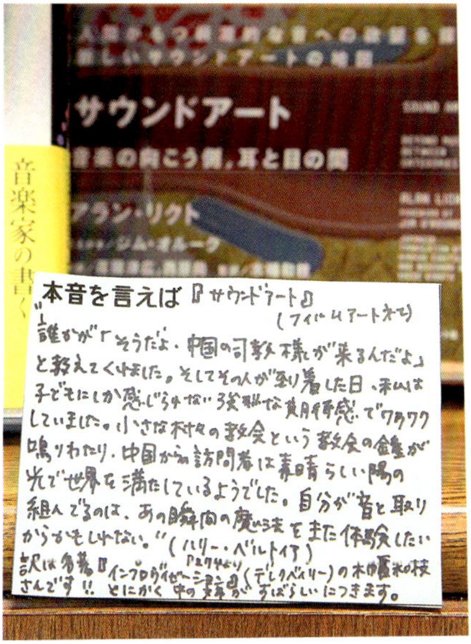

サウンドアート ─音楽の向こう側、耳と目の間（フィルムアート社）
アラン・リクト、ジム・オルーク・著
木幡 和枝・監／荏開津 広、西原 尚・訳
定価2625円

本音を言えば「エレガンスの流儀」
加藤 和彦・河出書房新社
お客様から在庫のお問合せを頂いてチロッと一冊の伊丹十三いい。加藤にもいい。伊家男いいなったひとが目白にしてもう本当にせつないところ…

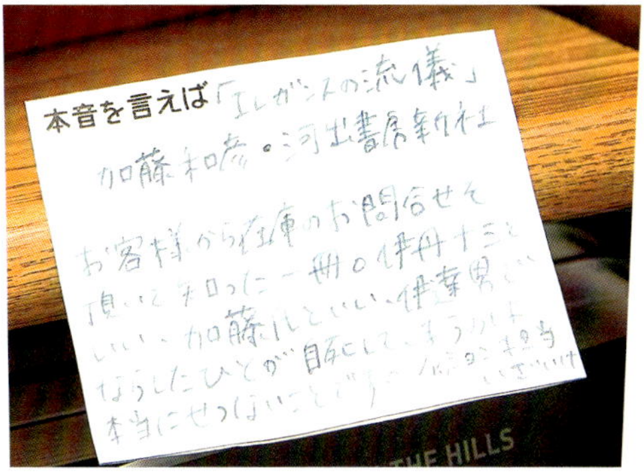

エレガンスの流儀（河出書房新社）
加藤 和彦・著
定価1575円

本音を言えば『そして生活はつづく』(マガジンハウス)
ジャンバに時間に歩んで立ちどき①小田扉のさし絵が入っている
本→まず買ってまちがいねえ!!!!
ということを、田中小実昌さんの本とこの本で学びました。団地ともおフアンの方もぜひ。（音楽書担当・松岡）

そして生活はつづく（マガジンハウス）
星野 源・著
定価1400円

本音を言えば「昭和のレコード デザイン集」P-VINE BOOKS
ムダに明るく、ムダに元気な昭和のレコードジャケットの世界♥
ムダってなんて楽しいのでしょう。
一曲いいくらで音楽を買うのはムダがないけど、ワクワクもないのです。
こんな写真担当 西村

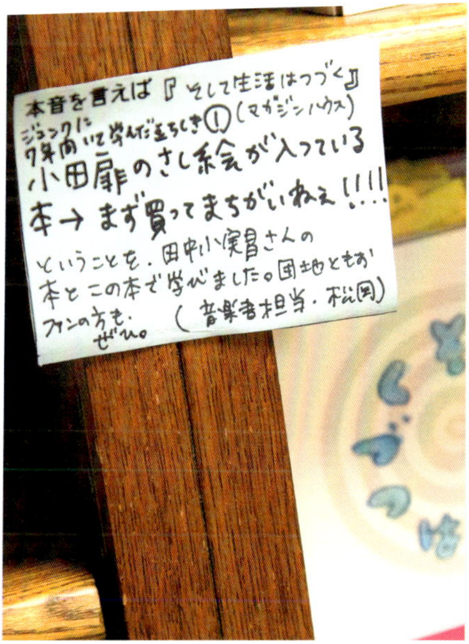

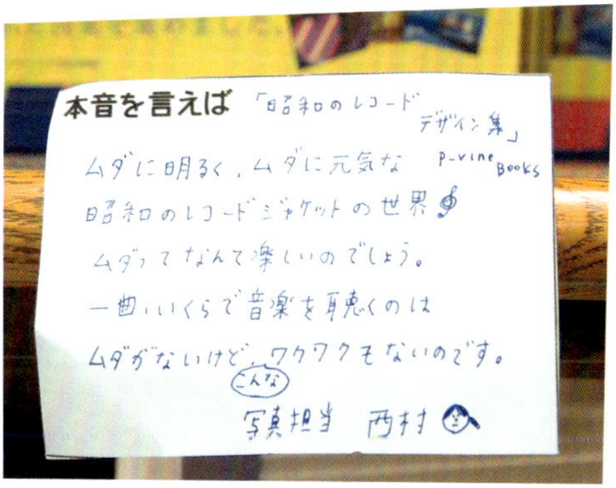

昭和のレコード デザイン集
（スペースシャワーネットワーク）
山口'Guooi'佳宏、鈴木啓之・著
定価2100円

本音を言えば『マイナー音楽のために　大里俊晴著作集』（月曜社）
鈴木志保さんと大里俊晴さんの新宿店でのトークショーも、生涯忘れられない回になりました。暗い色の本が多い音楽書コーナーの中で、いちばんに目に入ってくる表紙です。
（音楽書担当・松岡）

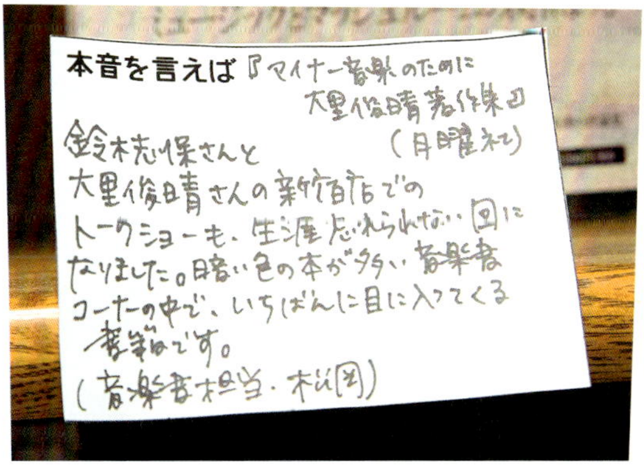

マイナー音楽のために
─大里俊晴著作集（月曜社）
大里 俊晴・著
定価3360円

FROM 1982 TO 2008 (AGE 18 TO 44)
SUPERVISED BY
HIROSHI FUJIWARA
WRITTEN AND EDITED BY
MASAYUKI KAWAKATSU
丘の上のパンク
時代をエディットする男・藤原ヒロシ半生記
日本初のリミックスDJ、
DJ出身の音楽プロデューサーの先駆者、
原宿発世界行ストリート・ウェア界の
ゴッドファーザー、
世界一のクールハンター……。
本人のディープ・インタヴュー、
関係者70名強の証言に、時代時代の雑誌・
DVD・単行本からの引用も駆使して、
藤原ヒロシ 監修
本音を言えば『丘の上のパンク』(小学館)
お店にご来店されるお客様の中に、川勝正幸さんに激似の方がいらっしゃり、勝手に川勝さんだと思って緊張していました。いまだに、もうそのようなことはありえないとわかっていてもまだ緊張してしまいます。川勝さんの携わった本、川勝さんのおすすめされた音楽の本、川勝さんのおすすめされた映画の本をオープンしてから何度も棚に入れました。これからもそうしていきたいと思っています。(音楽書担当・松岡)

丘の上のパンク
—時代をエディットする男、藤原ヒロシ半生記（小学館）
川勝 正幸・著／藤原 ヒロシ・監
定価2940円

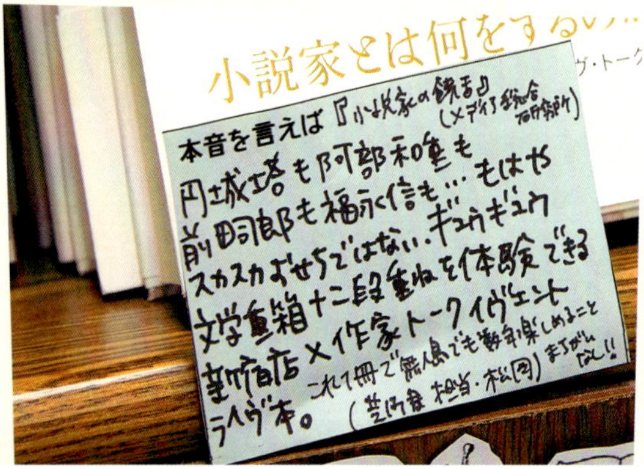
小説家とは何をする
本音を言えば『小説家の饒舌』(メディア総合研究所)
円城塔も阿部和重も前田司郎も福永信も…もはやスカスカおせちではない。ギュウギュウ文学重箱十二段重ねを体験できる新宿店×作家トークイヴェントライヴ本。これ1冊で無人島でも数年楽しめること間違いなし!!
(芸術書担当・松岡)

小説家の饒舌（メディア総合研究所）
佐々木敦・著
定価2100円

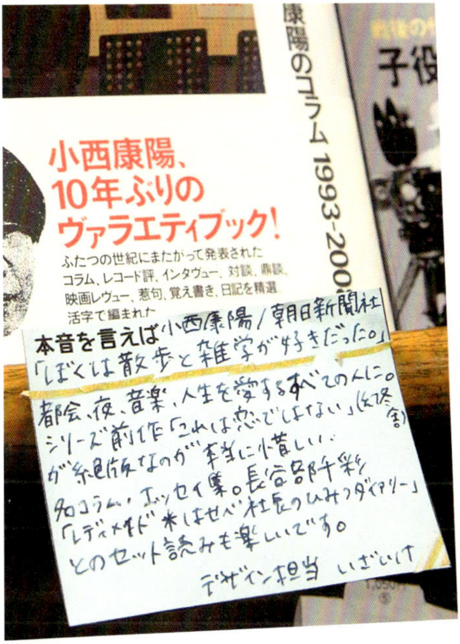
小西康陽のコラム 1993-2008
小西康陽、10年ぶりのヴァラエティブック!
ふたつの世紀にまたがって発表されたコラム、レコード評、インタヴュー、対談、鼎談、映画レヴュー、惹句、覚え書き、日記を精選
本音を言えば 小西康陽/朝日新聞社
「ぼくは散歩と雑学が好きだった。」
都会、夜、音楽、人生を愛するすべての人に。
シリーズ前作「これは恋ではない」(幻冬舎)
が絶版なのが本当に惜しい。
名コラム・エッセイ集。長谷部千彩
「レディメイド 米はせべ社長のひみつダイアリー」
とのセット読みも楽しいです。
デザイン担当 いざいけ

ぼくは散歩と雑学が好きだった。
小西康陽のコラム1993-2008（朝日新聞出版）
小西康陽・著
定価2415円

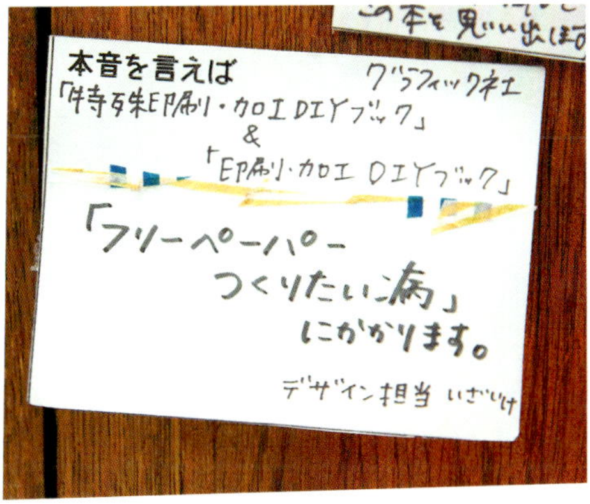
本音を言えば グラフィック社
「特殊印刷・加工DIYブック」
&
「印刷・加工DIYブック」
「フリーペーパーつくりたい病」
にかかります。
デザイン担当 いざいけ

印刷・加工DIYブック（グラフィック社）
大原健一郎、野口尚子、橋詰宗・著
定価2310円

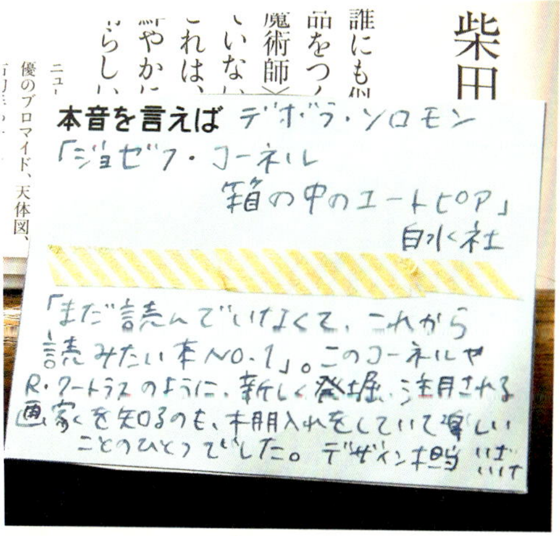
本音を言えば デボラ・ソロモン
「ジョゼフ・コーネル
箱の中のユートピア」
白水社
「まだ読んでいなくて、これから
読みたい本NO.1」。このコーネルや
R・クートラスのように、新しく発掘、注目される
画家を知るのも、本棚入れをしていて楽しい
ことのひとつでした。デザイン担当 いざいけ

ジョゼフ・コーネル　箱の中のユートピア（白水社）
デボラ ソロモン・著
林 寿美、太田 泰人、近藤 学・訳
定価3990円

むかつく二人（幻冬舎）
三谷幸喜、清水 ミチコ・著
定価630円

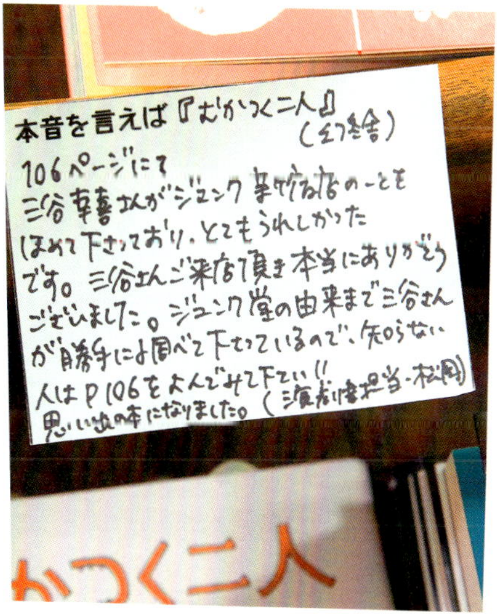
本音を言えば『むかつく二人』(幻冬舎)
106ページにて
三谷幸喜さんがジュンク堂書店のことを
ほめて下さっており、とてもうれしかった
です。三谷さんご来店頂き本当にありがとう
ございました。ジュンク堂の由来まで三谷さん
が勝手に調べて下さっているので、知らない
人はP106をよんでみて下さい!!(演劇担当・松岡)
思い出の本になりました。
かつく二人

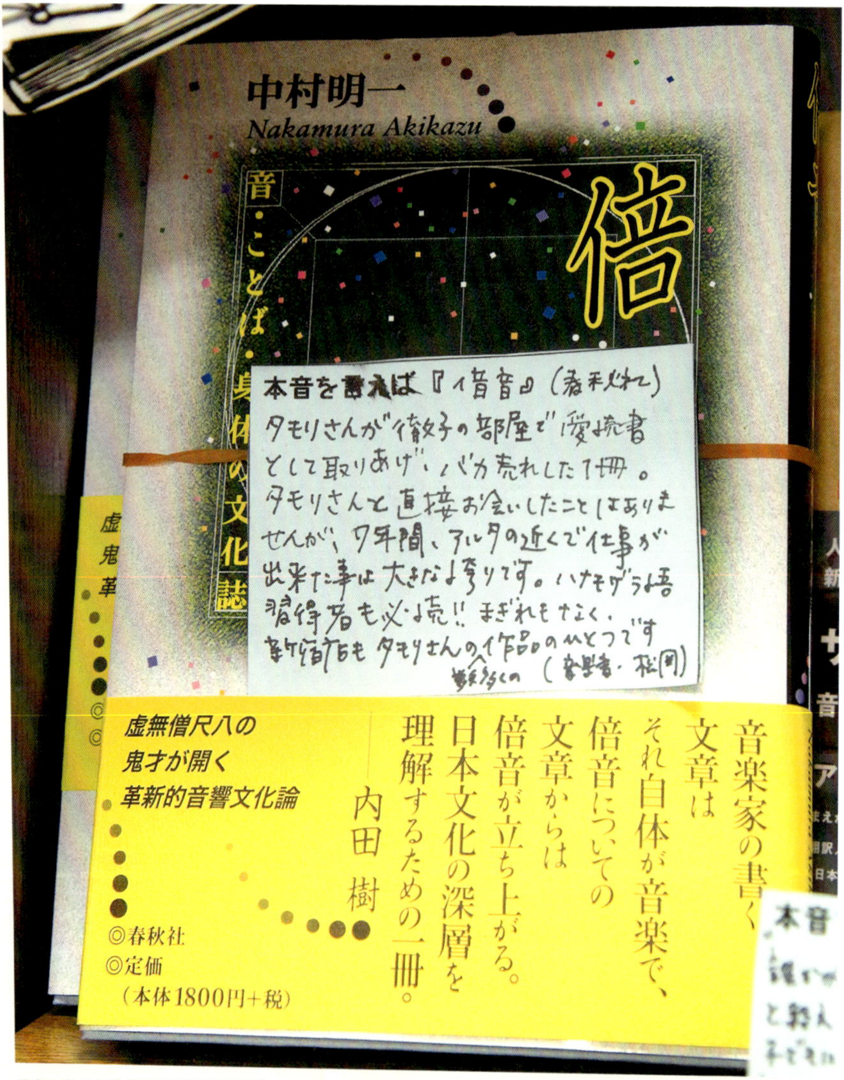
中村明一
Nakamura Akikazu
倍
音・ことば・身体の文化誌
本音を言えば『倍音』(春秋社)
タモリさんが"徹子の部屋"で愛読書
として取りあげ、バカ売れした1冊。
タモリさんと直接お会いしたことはありま
せんが、7年間、アルタの近くで仕事が
出来た事は大きな誇りです。ハナモゲラ語
習得者も必読!! まぎれもなく、
新宿店も タモリさんの 数多くの 作品のひとつです
(音楽書・松岡)
虚無僧尺八の
鬼才が開く
革新的音響文化論
◎春秋社
◎定価
(本体1800円+税)
音楽家の書く
文章は
それ自体が音楽で、
倍音についての
文章からは
倍音が立ち上がる。
日本文化の深層を
理解するための一冊。
内田樹

倍音—音・ことば・身体の文化誌(春秋社)
中村 明一・著
定価1890円

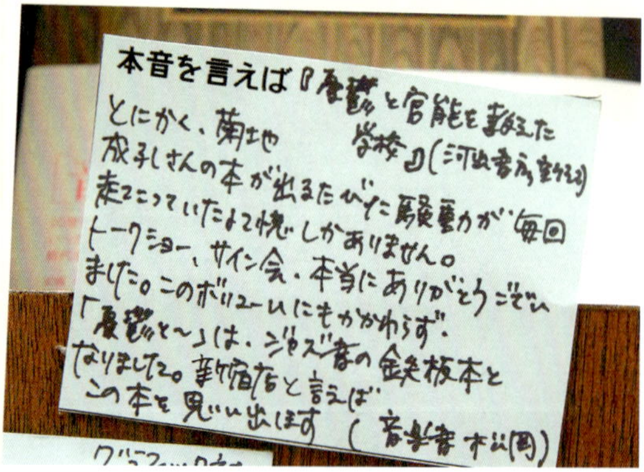
本音を言えば『憂鬱と官能を教えた学校』(河出書房新社)
とにかく、菊地成孔さんの本が出るたびに騒動が毎回起こっていたよう
トークショー、サイン会、本当にありがとうございました。このボリュームにもかかわらず
「憂鬱と~」は、ジャズ書の鉄板本となりました。新宿店と言えばこの本を思い出します
(音楽書 松岡)

憂鬱と官能を教えた学校
(河出書房新社)
菊地 成孔、大谷 能生・著
定価3675円

ニシワキタダシの日々かるたブック
（パイインターナショナル）
ニシワキタダシ・著
定価1050円

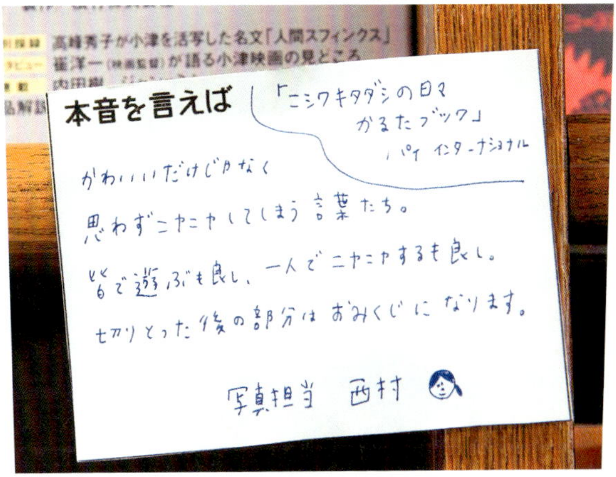
本音を言えば
「ニシワキタダシの日々かるたブック」
パイ インターナショナル
かわいいだけじゃなく
思わずニヤニヤしてしまう言葉たち。
皆で遊ぶも良し、一人でニヤニヤするも良し。
切りとった後の部分はおみくじになります。
写真担当 西村

自棄っぱち
オプティミスト
キリンジ
本音を言えば『自棄っぱちオプティミスト』（PARCO）
海老蔵土下座事件・そして「KAGEROU」が発表されたくらいのころに長嶋有さんにこのポップをかいて頂き、
長嶋さんありがとうございます!!
下品な対談でスミマセン!
マジでスミマセン!!
長嶋
これが売れました

自棄っぱちオプティミスト
（PARCO出版）
キリンジ・著
松本大洋・イラスト
定価1785円

新宿店からたくさん旅立って
行った「未来ちゃん」たち。
とうとう新宿店では最後の
1冊になりました。
新宿店閉店記念に買って下さい!!
新宿店
閉店なんて
イーヤーダー
季刊
はじめての外国②
パリッ子ちゃん
写真：川島小鳥
未来ちゃん
川島小鳥写真集
2010年度
講談社出版文化賞
写真賞受賞
未来ちゃん
沼田元氣

未来ちゃん（ナナロク社）
川島小鳥・著
定価2100円

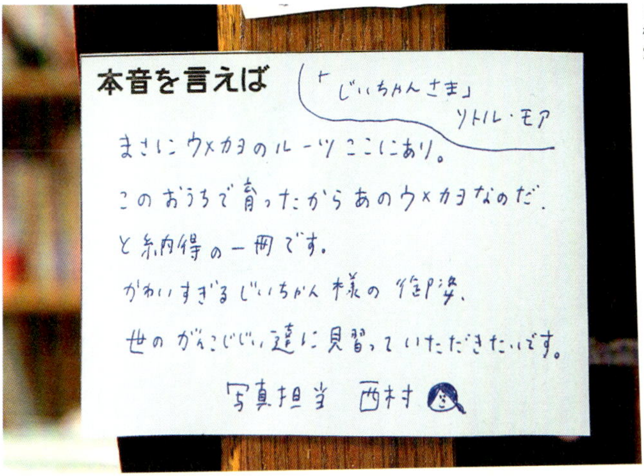
本音を言えば
「じいちゃんさま」
リトル・モア
まさにウメカヨのルーツここにあり。
このおうちで育ったからあのウメカヨなのだ。
と納得の一冊です。
かわいすぎるじいちゃん様の御姿。
世のがんこじじい達に見習っていただきたいです。
写真担当　西村

じいちゃんさま（リトル・モア）
梅 佳代・著
定価1890円

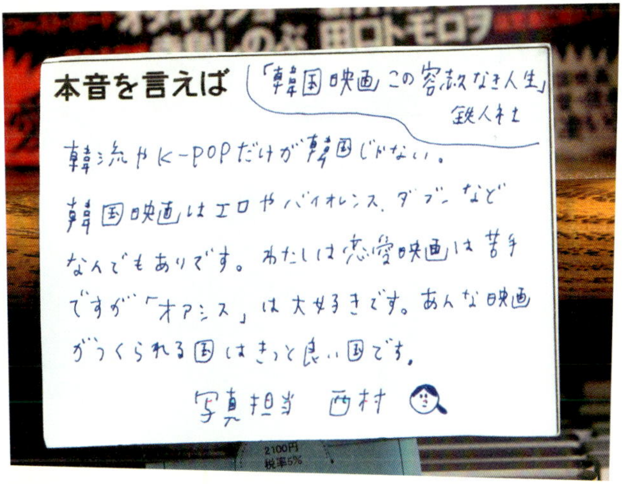
本音を言えば
「韓国映画 この容赦なき人生」
鉄人社
韓流やK-POPだけが韓国じゃない。
韓国映画はエロやバイオレンス、ダブンなど
なんでもありです。わたしは恋愛映画は苦手
ですが「オアシス」は大好きです。あんな映画
がつくられる国はきっと良い国です。
写真担当　西村
2100円
税率5%

韓国映画 この容赦なき人生
～骨太コリアンムービー熱狂読本～（鉄人社）
定価1800円

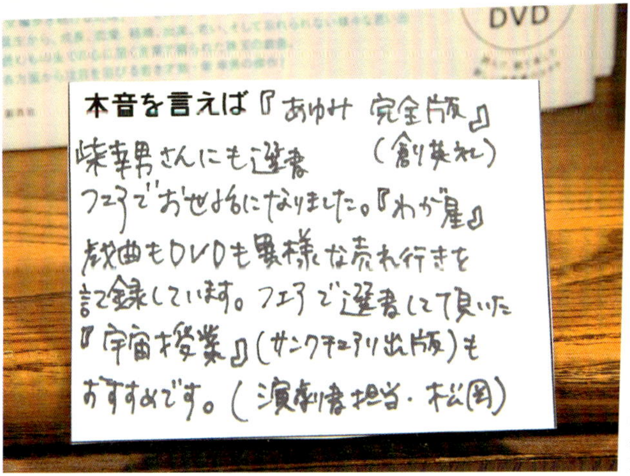
DVD
本音を言えば『あゆみ 完全版』
（創英社）
柴幸男さんにも選書
フェアでお世話になりました。『わが星』
戯曲もDVDも異様な売れ行きを
記録しています。フェアで選書して頂いた
『宇宙授業』（サンクチュアリ出版）も
おすすめです。（演劇書担当・松岡）

あゆみ 完全版
DVD付（創英社）
柴 幸男・著
定価2625円

残して下さった事生涯わすれません。
セルフ・ドキュメンタリー
映画監督・松江哲明ができるまで
(河出書房新社)
「ぼくがすきな まちをすきな
松江監督の映画を見るたびに、いつも
このコピーを思い出します。松江さん、
松江哲明・著
定価2310円

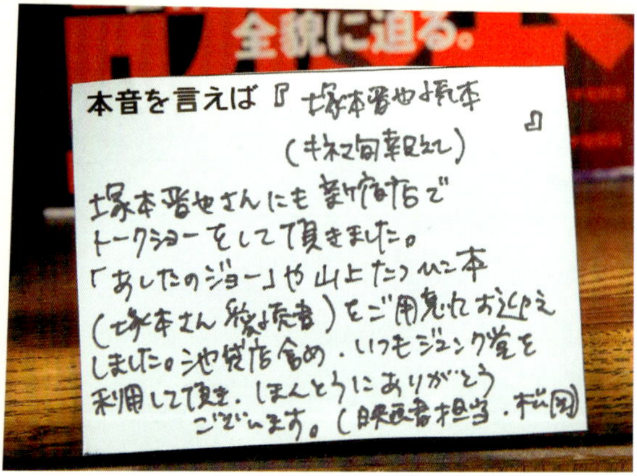

全貌に迫る。
本音を言えば『塚本晋也読本』
(キネマ旬報社)
塚本晋也さんにも新宿店で
トークショーをして頂きました。
「あしたのジョー」や山上たつひこ本
(塚本さん愛読書)をご用意してお迎え
しました。池袋店含め、いつもジュンク堂を
利用して頂き、ほんとうにありがとう
ございます。(映画書担当・松岡)

塚本晋也読本
(キネマ旬報社)
定価2310円

郵 便 は が き

50円切手を
お貼り
ください

101-0051

東京都千代田区神田神保町3の10
神田第3アメレックスビル2F

(株)飛鳥新社　出版部第二編集

『書店員が本当に売りたかった本』
読者カード係行

フリガナ ご氏名	性別　男・女 年齢　　歳
フリガナ ご住所 〒 TEL　　（　　）	
ご職業　1. 会社員　2. 公務員　3. 学生　4. 自営業　5. 教員　6. 自由業 7. 主婦　8. その他（　　）	
お買い上げのショップ名　　所在地	

★ご記入いただいた個人情報は、弊社出版物の資料目的以外で使用することはありません。

飛鳥新社の本をご購入いただきありがとうございます。今後の出版物の参考にさせていただきますので、以下の質問にお答えください。ご協力よろしくお願いいたします。

■この本を最初に何でお知りになりましたか

1. 新聞広告（　　　　　　新聞）　2. 雑誌広告（誌名　　　　　　　　　　）
3. 新聞・雑誌の紹介記事を読んで（紙・誌名　　　　　　　　　　　　　　）
4. TV・ラジオで　5. 書店で実物を見て　6. 知人にすすめられて
7. その他（　　　　　　　　　　　　　　　　　　　　　　　　　　　　　）

■この本をお買い求めになった動機は何ですか

1. テーマに興味があったので　2. タイトルに惹かれて
3. 装丁・帯に惹かれて　4. 著者に惹かれて
5. 広告・書評に惹かれて　6. その他（　　　　　　　　　　　　　　　　）

■本書へのご意見・ご感想をお聞かせください

■いまあなたが興味を持たれているテーマや人物をお教えください

※あなたのご意見・ご感想を新聞・雑誌広告や小社ホームページ上で

1. 掲載してもよい　2. 掲載しては困る　3. 匿名ならよい　（広告掲載の方には粗品を進呈）

ホームページURL http://www.asukashinsha.co.jp/ 書店員が本当に売りたかった本　2012.07

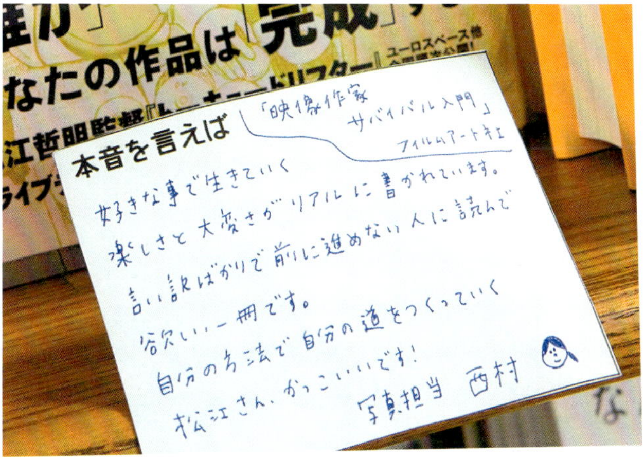
本音を言えば
「映像作家 サバイバル入門」
フィルムアート社
好きな事で生きていく
楽しさと大変さがリアルに書かれています。
言い訳ばかりで前に進めない人に読んで
欲しい一冊です。
自分の方法で自分の道をつくっていく
松江さん、かっこいいです!
写真担当 西村

映像作家サバイバル入門
自分で作る／広める／回収するために
（フィルムアート社）
松江 哲明・著
定価1890円

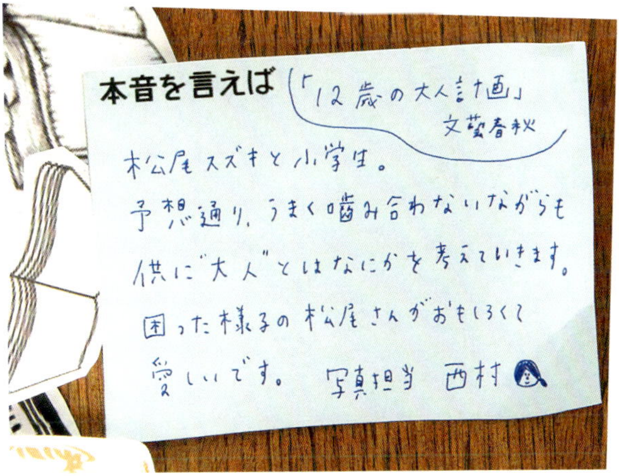
本音を言えば
「12歳の大人計画」
文藝春秋
松尾スズキと小学生。
予想通り、うまく噛み合わないながらも
供に"大人"とはなにかを考えていきます。
困った様子の松尾さんがおもしろくて
愛しいです。
写真担当 西村

12歳の大人計画—
課外授業ようこそ先輩（文藝春秋）
松尾スズキ・著
定価1200円

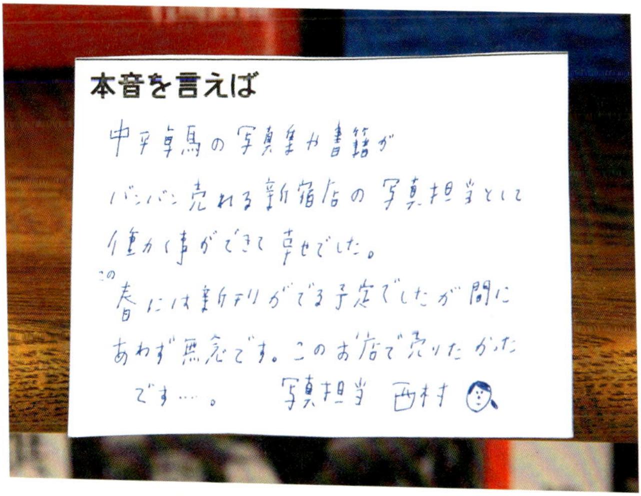
本音を言えば
中平卓馬の写真集や書籍が
バンバン売れる新宿店の写真担当として
働く事ができて幸せでした。
この春には新刊がでる予定でしたが間に
あわず無念です。このお店で売りたかった
です…。
写真担当 西村

中平卓馬
〈KAWADE道の手帖〉
（河出書房新社）
定価1575円

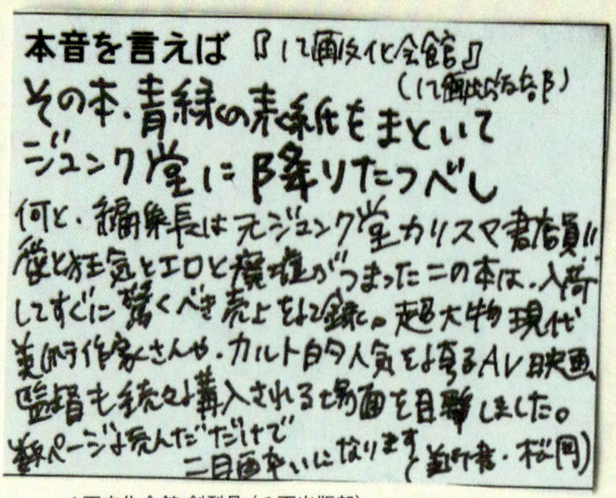
本音を言えば『八画文化会館』
（八画出版部）
その本、青緑の表紙をまとっていて
ジュンク堂に降りたつべし
何と、編集長は元ジュンク堂カリスマ書店員!!
愛と狂気とエロと魔境がつまったこの本は、入荷してすぐに驚くべき売上を記録。超大物現代美術作家さんや、カルト的人気を誇るAV映画監督も続々購入される場面を目撃しました。
数ページ読んだだけで
二日酔いになります
（販売者・松岡）

八画文化会館 創刊号（八画出版部）
石川春菜、酒井竜次・編
定価1500円

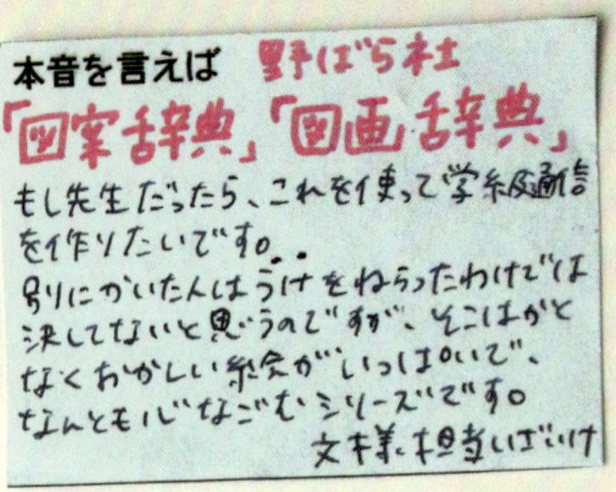
本音を言えば 野ばら社
「図案辞典」「図画辞典」
もし先生だったら、これを使って学級通信を作りたいです。。
別にかいたんはうけをねらったわけでは決してないと思うのですが、そこはかとなくおかしい絵がいっぱいで、
なんともなごむシリーズです。
文芸担当いばいけ

図画辞典・図案辞典（野ばら社）
野ばら社編集部・編
定価各630円

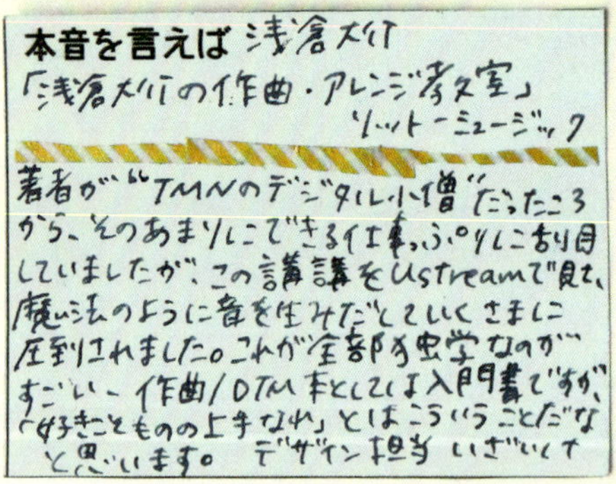
本音を言えば 浅倉大介
「浅倉大介の作曲・アレンジ教室」
リットーミュージック
著者が"TMNのデジタル小僧"だったころから、そのあまりにできる仕事っぷりに注目していましたが、この講義をUstreamで見て、魔法のように音を生みだしていくさまに圧倒されました。これが全部独学なのがすごい…作曲/DTM本としては入門書ですが、「好きこそものの上手なれ」とはこういうことだなと思います。 デザイン担当 いざいくて

浅倉大介の作曲・アレンジ教室（CD付き）
（リットーミュージック）
浅倉 大介・著
定価2310円

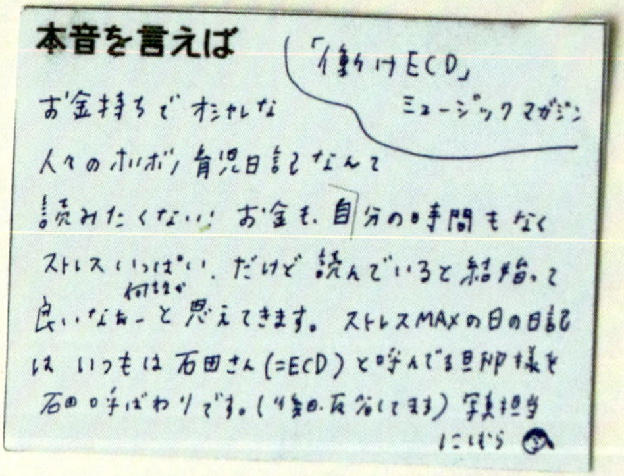
本音を言えば
「働けECD」
ミュージックマガジン
お金持ちでオシャレな
人々のホッコリ育児日記なんて
読みたくない！ お金も自分の時間もなく
ストレスいっぱい。だけど読んでいると結婚って何だか良いなぁーと思えてきます。ストレスMAXの日の日記はいつもは石田さん（=ECD）と呼んでる旦那様を石田呼ばわりです。（悩み、反省してます）実用担当
にはら

働けECD わたしの育児混沌記（ミュージックマガジン）
植本 一子・著
定価1575円

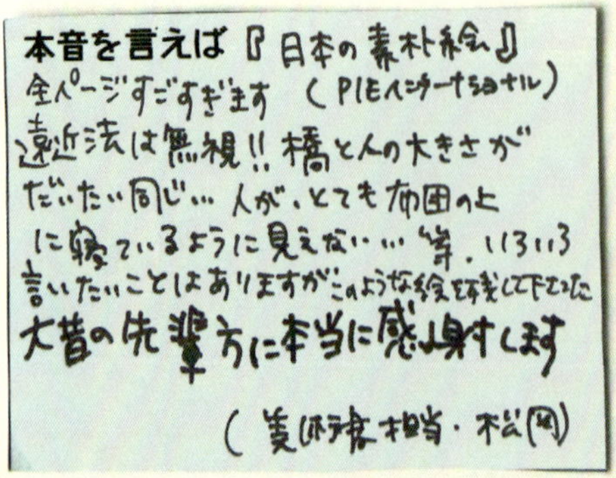
本音を言えば『日本の素朴絵』
全ページすごすぎます （PIEインターナショナル）
遠近法は無視!! 橋と人の大きさがだいたい同じ… 人が、とても布団の上に寝ているように見えない…等、いろいろ言いたいことはありますがこのような絵を残して下さった大昔の先輩方に本当に感謝します
（美術書担当・松岡）

日本の素朴絵（パイインターナショナル）
矢島 新・著
定価2625円

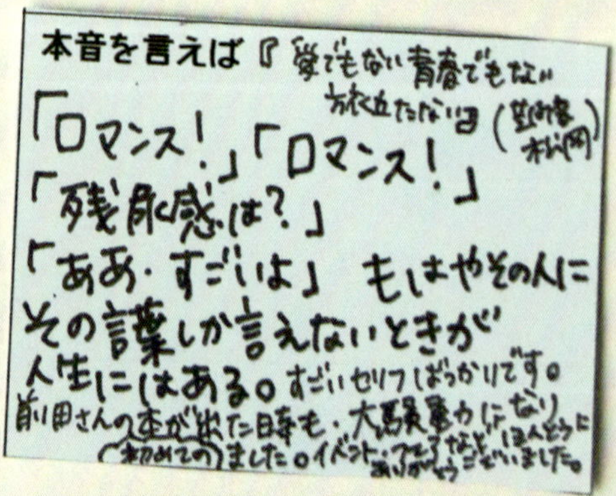
本音を言えば『愛でもない青春でもない旅立たない』
（販売者 松岡）
「ロマンス！」「ロマンス！」
「残尿感は？」
「ああ・すごいよ」 もはやその人にその言葉しか言えないときが人生にはある。すごいセリフばっかりです。
前田さんの本が出た時も、大騒ぎになりました。イベントも

愛でもない青春でもない旅立たない（講談社）
前田 司郎・著
定価550円

本音を言えば『働けECD』（ミュージックマガジン）
石田家の支出の記録。
どうして コーラを飲むのだ！
という奥様の台詞に代表されるような生活の中で石田さんが毎日のようにレコードを買われてますが、自分の場合"レコード"＝"本"に置きかえた様々な生活をしているため、全く人事とは思えませんでした…毎日、CDや本にお金を使っている人にこそ読んでほしい本です。奥様の語り口も絶妙。甘すぎず冷たすぎないこのような文章は、他には水木しげる先生の娘さんにもあてはまるような気がします。

働けECD わたしの育児混沌記
（ミュージックマガジン）
植本 一子・著
定価1575円

本音を言えば『軽くて深い 井上陽水の歌詞言葉』（角川学芸出版）
「氷の世界」に出会った中学時代。私の青春といえば、ブギーバックでもミスチルでもaikoでもなく、陽水一色になりました。
（音楽書担当・松岡）

軽くて深い 井上陽水の言葉（角川学芸出版）
齋藤 孝・著
定価1575円

本音を言えば「宿命の画天使たち」美学出版
山下清＝裸の大将ではない。本物の清はドラマよりずっとおもしろくて魅力的です。戦前の画家や文化人を巻き込んだ清ブームや、八幡学園設立話、そして学園の知られざる天才児たち。（沼くんが素晴しすぎます!!）何故今まで知らずに暮してきたのか、とくやしくなるおもしろさです。
写真担当 西村

宿命の画天使たち 山下清・沼祐一・他（美学出版）
三頭谷 鷹史・著
定価1995円

本音を言えば『遠い視線』（ワイズ出版）
1ページに1枚という写真の構成で見やすい写真集。街の構造、人々の構造、世界の構造について考えさせられる写真集です。五反田団・前田司郎さんにもおすすめ本として選書して頂きました。
（美術書担当・松岡）

遠い視線 — 長野重一写真集（ワイズ出版）
長野 重一・著
定価3675円

本音を言えば『深読み！日本写真の超名作100』（パイインターナショナル）
日本バージョン「現代写真論」はこの本でまちがいないかと。貴重な写真・写真家データ多数!! この価格でこの内容量は本当に信じられません。本の表紙の写真もいかします。
（美術書担当・松岡）

本音を言えば「深読み！日本写真の超名作100」パイ・インターナショナル
知らなかった、ではもったいない!!
おもしろすぎる日本の写真の数々。
P24の赤ちゃんコラージュぜひご覧下さい。
夢にでてきそうな異様なパワーです。
写真担当 西村

深読み! 日本写真の超名作100（パイインターナショナル）
飯沢耕太郎・著
定価2625円

本音を言えば『九相図資料集成』（岩田書院）

現在確認できる九相図（野に捨てられた死体が白骨となるようす）の絵画をまとめた1冊。読んでみると、時代と共に九相図もその無常観や主題が変化していく様子がわかります。死体が腐る様子を9つに分けて描くとか、日本ってすごいですね。とつくづく思いますが、このような作品群は保存管理上、中々常設展示されることは難しいらしく、本としてまとまったものは大変貴重なものだと思います。（美術書・松岡）

九相図資料集成―死体の美術と文学（岩田書院）
山本 聡美、西山 美香・編
定価8900円

本音を言えば『グリーンバーグ批評選集』（勁草書房）

新宿店オープン当時からの美術本超ロングセラー。何度お問合せがあったかわかりません。ポロック展にあわせて、閉店でなければぜひフェアもやりたかったと思います。『アート・インダストリー』（美学出版）といっしょにご購入されるお客さまも多かったでした。（美術書担当・松岡）

グリーンバーグ批評選集（勁草書房）
クレメント グリーンバーグ・著／藤枝 晃雄・訳
定価2940円

本音を言えば『干物のある風景』（東方出版）

極端な言い方ですが、臨終の直前とかに見たいのは、こういう写真集なのかもしれません…外国の本屋につとめていたら、こういう本を売りたくても売ることはできなかったと思うと感慨深いです…（美術書担当・松岡）

干物のある風景―View of Dried Fish（東方出版）
新野 大・著
定価2100円

本音を言えば 安井かずみ／河出書房新社「たとえば好き たとえば嫌い」

ズズの本は、絶版ばかり／装丁がいまひとつのものが多いなか、これはうれしい刊行でした。優雅と洗練を学ぶ女子必読です。「好き」のリストに「まりこ」が入ってるのがいい!!
ファッション担当いはざいけ

たとえば好き たとえば嫌い
安井かずみアンソロジー（河出書房新社）
安井 かずみ・著／近代 ナリコ・編
定価1680円

本音を言えば「昭和藝能東西」オフィスエム

いかがわしい物はなんて魅力的なのでしょう!!
怪しい匂いがたっぷり残っていた昭和の芸能の世界。
だんだんとツルンとした世の中になってきてる様で寂しい限りです。
写真担当西村

昭和藝能東西―本橋成一写真集（オフィスエム）
本橋 成一・著／小沢 昭一・監
定価4800円

本音を言えば『出稼ぎ哀歌』（ブックショップマイタウン）

3.11の後にこの写真集が入荷し、どんな本よりもそのインパクトとお金を数える人々の笑顔に、ヘタな言い方ですが、引きつけられた気がします。変なメッセージ＋風景の写真集とかどうでも良いので、こういう本をもっと沢山売りたかった…。（私観ですが…）
美術書担当・松岡

出稼ぎ哀歌―河辺育三写真集（ブックショップマイタウン）
河辺 育三・著
定価1470円

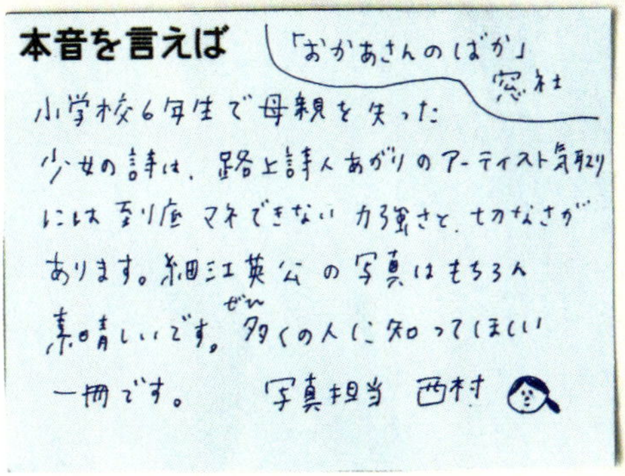

本音を言えば 「おかあさんのばか」 窓社
小学校6年生で母親を失った
少女の詩は、路上詩人あがりのアーティスト気取り
には到底マネできない力強さと、切なさが
あります。細江英公の写真はもちろん
素晴らしいです。多くの人に知ってほしい
一冊です。 写真担当 西村

おかあさんのばか— 細江英公人間写真集（窓社）
細江 英公・写真／古田 幸・著
定価2200円

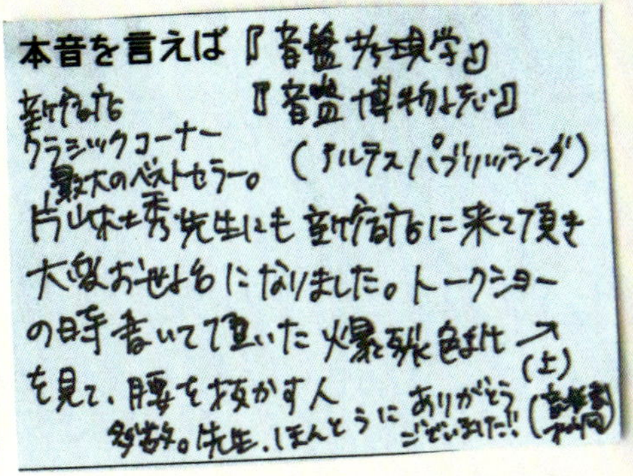

本音を言えば『音盤考現学』『音盤博物誌』
新宿店クラシックコーナー最大のベストセラー。（アルテスパブリッシング）
片山杜秀先生にも新宿店に来て頂き
大変お世話になりました。トークショー
の時書いて頂いた爆発色紙↗（上）
を見て、腰を抜かす人
多数。先生、ほんとうにありがとうございました!!

片山杜秀の本(1) 音盤考現学（アルテスパブリッシング）
片山 杜秀・著
定価1785円

片山杜秀の本(2) 音盤博物誌（アルテスパブリッシング）
片山 杜秀・著
定価1995円

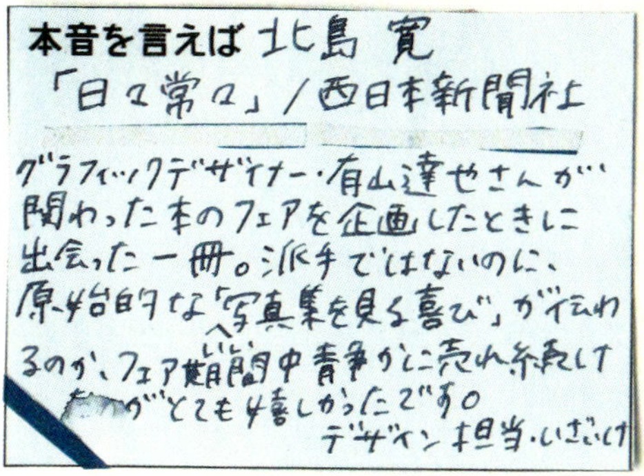

本音を言えば 北島 寛
「日々常々」／西日本新聞社
グラフィックデザイナー・有山達也さんが
関わった本のフェアを企画したときに
出会った一冊。派手ではないのに、
原始的な「写真集を見る喜び」が伝わ
るのか、フェア期間中静かに売れ続けて
たのがとても嬉しかったです。
デザイン担当・いさいけ

日々常々（西日本新聞社）
北島 寛・著
定価2300円

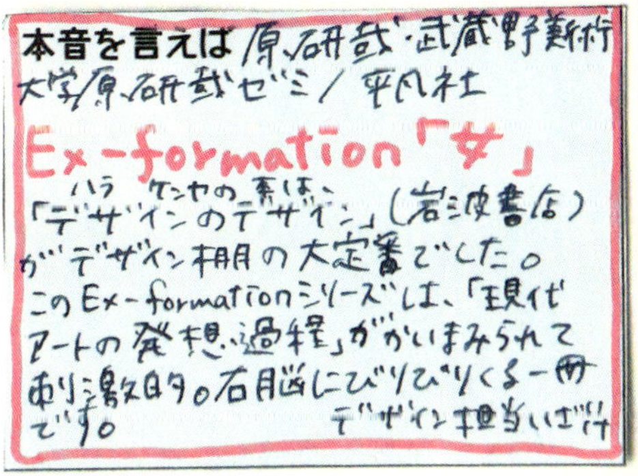

本音を言えば 原研哉・武蔵野美術大学原研哉ゼミ／平凡社
Ex-formation「女」
ハラケンヤの素は、「デザインのデザイン」（岩波書店）
がデザイン棚の大定番でした。
このEx-formationシリーズは、「現代
アートの発想過程」がかいまみられて
刺激的。右脳にびりびりくる一冊
です。 デザイン担当

Ex-formation 女（平凡社）
原 研哉・著／武蔵野美術大学原研哉ゼミ・著
定価1575円

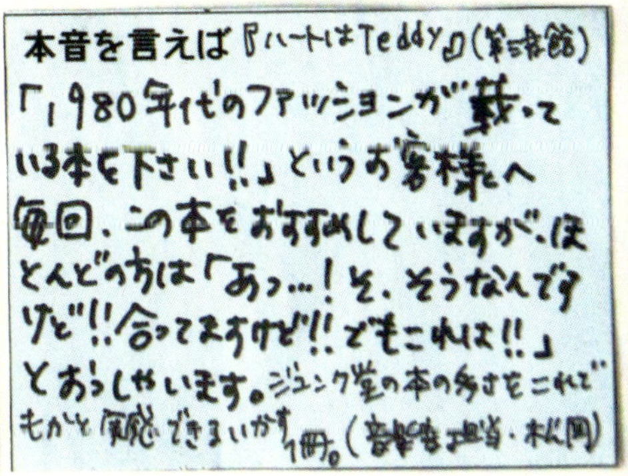

本音を言えば『ハートはTeddy』（第三書館）
「1980年代のファッションが載っている本を下さい!!」というお客様へ
毎回、この本をおすすめしていますが、ほとんどの方は「あっ…!と、そうなんですけど!!合ってますけど!!でもこれは!!」
とおっしゃいます。ジュンク堂の本の多さをこれでもかと実感できまいかす1冊。（音楽書担当・松岡）

REVIVAL版 ハートはTEDDY
— 写真集・日本ロックンローラーズ（第三書館）
グループ「フルスロットル」・編
定価2100円

売り場担当より

本音を言えばこの本を売りたかった!!

新宿店は働いている人間からしても、かなり妙な店だったと思う。普段の知識では太刀打ちできないようなバリエーションのお客様の問い合わせがあり、勉強にならない日は一日もなかった。毎日、誰かと議論し誰かに本や人を教えてもらい、多くの人が集っていた。書棚に並んだ本には著者の、編集者の、お客様の、スタッフの執念があった。本と一緒に、その人たちの魂すら一緒に並べているのだ、恐ろしい店だ、と思っていた。

『本音を言えばこの本（芸術書）を売りたかった!!』フェアの二つの「本」は、上記のような「本気」の意味もある。並べられた書籍群は執念に触れ、日々を送って来た芸術担当の思いが込められ、売上を別にしても読んでほしい本、本当に良い本が選ばれている。

今でも思い出す。座敷わらしの写っている写真集を探した事、子供が黒人音楽の本を床に並べてお店屋さんをしていた事、多くの著者の方々に選書をして頂いた事、そしてフェアに来て頂いた事、本が地震で棚から落ちた事、ゾンビやトラック野郎の本ばかり売れた事、店がなくなり家電量販店になると言われた事、新宿店のあった姿を（雑誌や、ツイッターや、映画のワンシーンで）様々な方々に記録して頂いた事を。今でも不思議な気分になる。

そうして店を思う時、浮かぶ場面が私にはもう一つある。小学校の頃聞いた、教師の話だ。

「先生はきのうとても美しい映画を見ました。ある国に王子様がおりました。王子様の通ったあとには薔薇の花を撒きました、宮殿はまっしろな白い石で出来ていました…」

何て美しい映画だろう、と思った。皆が何度も教師に「王子様の話」をせがんだ。話はつきなかった。大人になったらそんな映画が観られるのか、と思った。口振りから考えると若い彼は、きっとデートで観た映画の話をしていたのだろう。数年後、その映画は『星の王子ニューヨークへ行く』（エディ・マーフィ主演）であることが判明し愕然とした。しかし自分にとってそれは、未だに生涯を通じて永遠に、なぜか一番美しい映画であり続けるような気がする。教師の執念があったからだ。新宿店は私だけではない、誰かにとって、そんな「王子様の映画」のような、なぜか惹きつけられる書店だったのではないか。

本の1冊1冊に触れ、様々な人の執念の中で仕事が出来たことは私の生涯の糧である。新宿店ではない職場で、近所の本屋で、家で、多くの本に触れるとき、彼らは「王子様の話」のように新宿店とつながり、明るい光を放って見えるような気がする。

芸術担当　松岡千恵

堂新宿店！企画
いつも片想い
、その現代的考察

第3章
わたしたち、本にはいつも片想い？

書物に対する欲望と快楽、その時代的考察

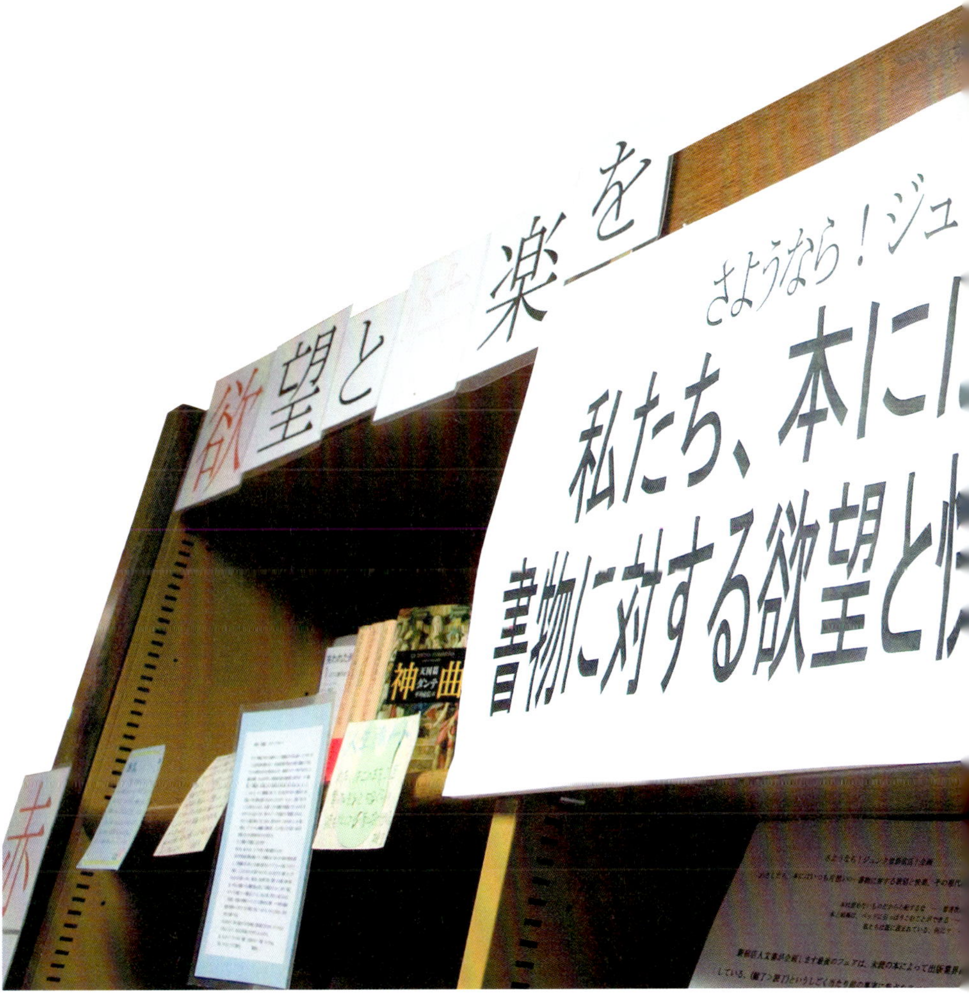

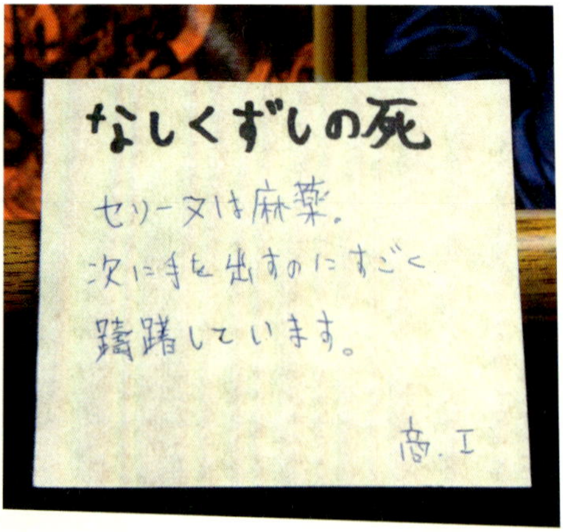
なしくずしの死
セリーヌは麻薬。
次に手を出すのにすごく
躊躇しています。
商.I

なしくずしの死〈上・下〉(河出書房新社)
ルイ-フェルディナン セリーヌ・著
高坂 和彦・訳
順に定価1365円、1470円

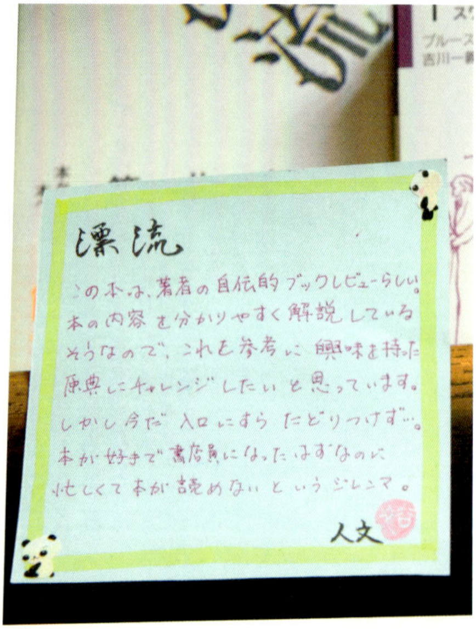
漂流
この本は、著者の自伝的ブックレビューらしい。
本の内容を分かりやすく解説している
そうなので、これを参考に興味を持った
原典にチャレンジしたいと思っています。
しかし今だ入口にすらたどりつけず…。
本が好きで書店員になったはずなのに
忙しくて本が読めないというジレンマ。
人文

漂流 本から本へ(朝日新聞出版)
筒井 康隆・著
定価1365

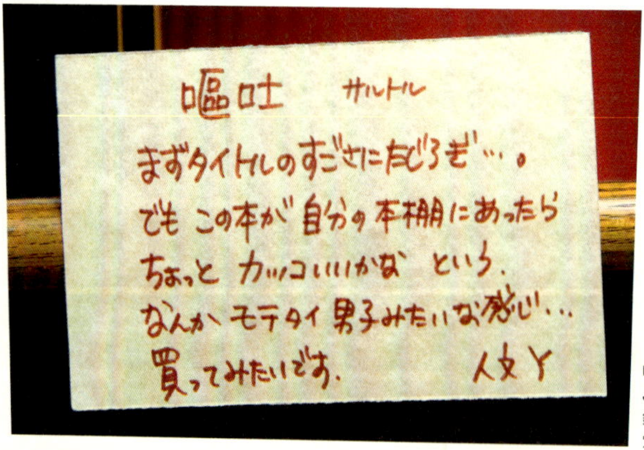
嘔吐 サルトル
まずタイトルのすごさにたじろぎ…。
でもこの本が自分の本棚にあったら
ちょっとカッコいいかなという、
なんかモテタイ男子みたいな感じ…。
買ってみたいです。
人文Y

嘔吐 新訳(人文書院)
J-P・サルトル・著
鈴木 道彦・訳
定価1995円

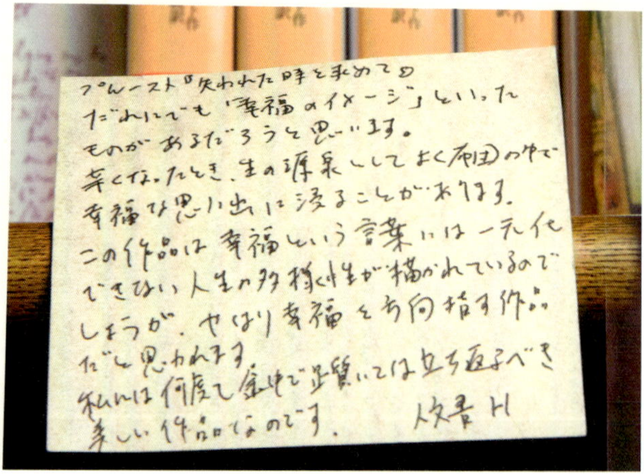
プルースト『失われた時を求めて』
だれにでも「幸福のイメージ」といった
ものがあるだろうと思います。
辛くなったとき、生の源泉としてよく布団の中で
幸福な思い出に浸ることがあります。
この作品は幸福という言葉には一元化
できない人生の多様性が描かれているので
しょうが、やはり幸福を目指す作品
だと思われます。
私には何度も途中で躓いては立ち返るべき
楽しい作品なのです。
人文書H

失われた時を求めて(1)
―スワン家のほうへI(岩波書店)
プルースト・著
吉川 一義・訳
定価945円

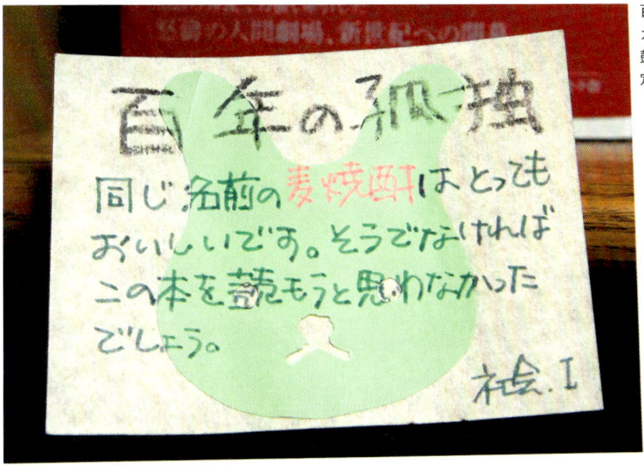
百年の孤独
同じ名前の麦焼酎はとってもおいしいです。そうでなければこの本を読もうと思わなかったでしょう。
社会.I

百年の孤独（新潮社）
ガブリエル ガルシア=マルケス・著
鼓 直・訳
定価2940円

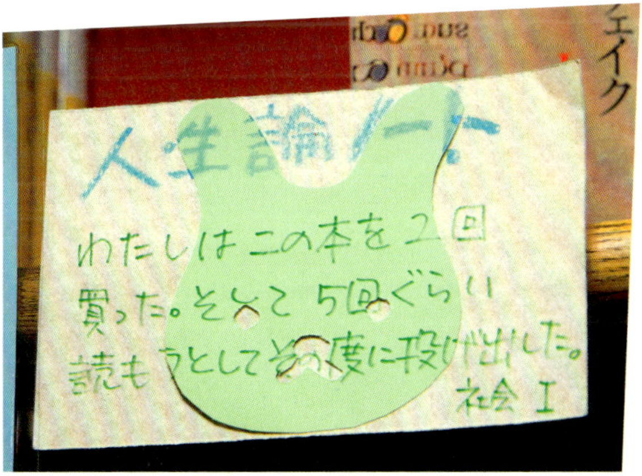
人生論ノート
わたしはこの本を2回買った。そして5回ぐらい読もうとしてその度に投げ出した。
社会 I

人生論ノート（新潮社）
三木 清・著
定価380円

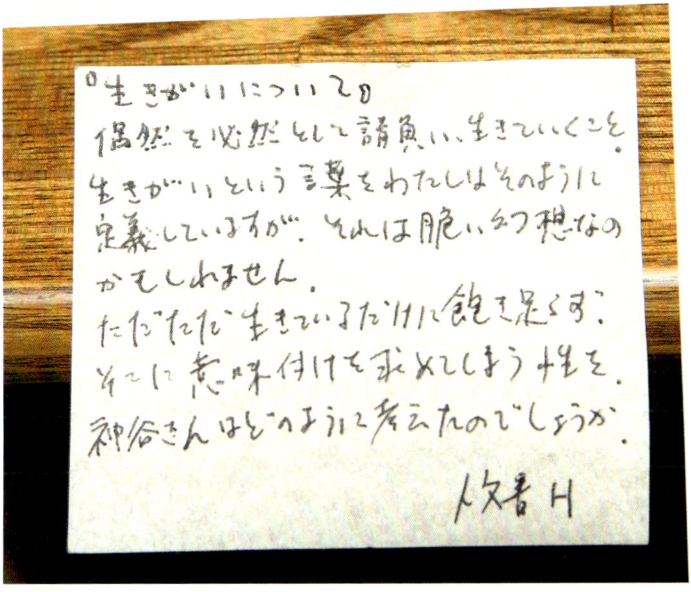
『生きがいについて』
偶然を必然として請負い、生きていくこと。
生きがいという言葉をわたしはそのように
定義していますが、それは脆い幻想なの
かもしれません。
ただただ生きているだけに飽き足らず、
そこに意味付けを求めてしまう性を。
神谷さんはどのように考えたのでしょうか。

生きがいについて（みすず書房）
神谷 美恵子・著
柳田 邦男・解説
定価1680円

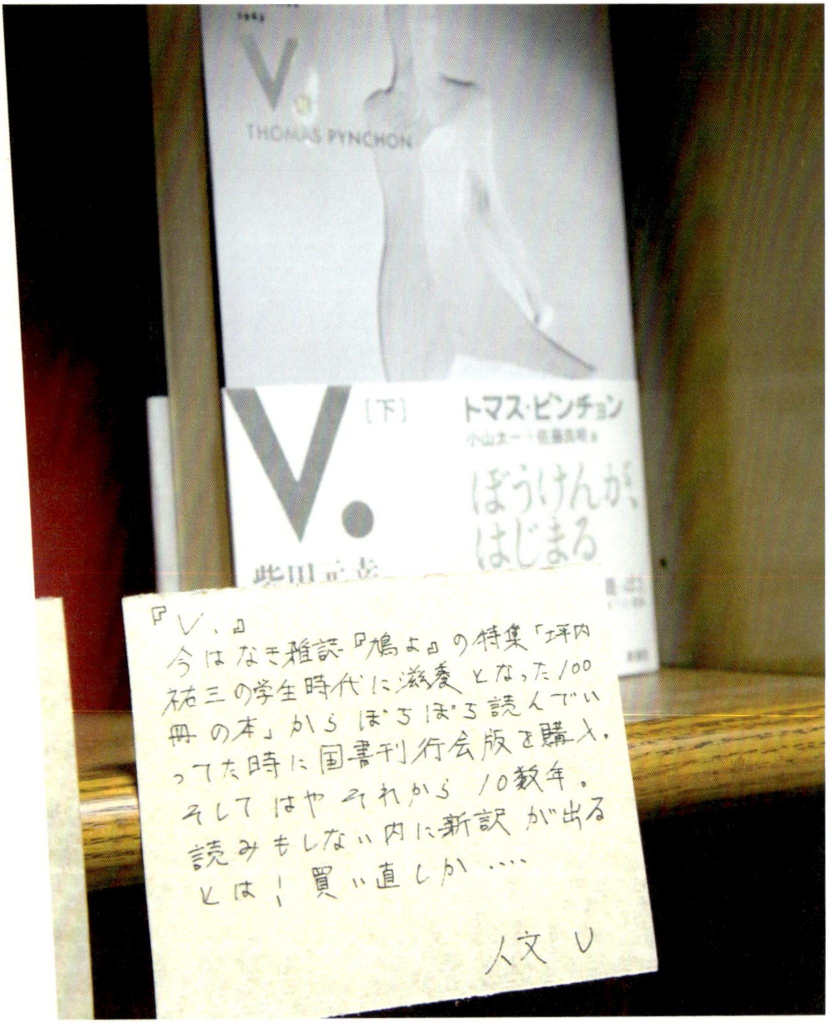
V.
THOMAS PYNCHON
V. [下]
トマス・ピンチョン
ぼうけんが、
はじまる
『V.』
今はなき雑誌『鳩よ』の特集「坪内
祐三の学生時代に滋養となった100
冊の本」からぽちぽち読んでい
ってた時に国書刊行会版を購入。
そしてはやそれから10数年。
読みもしない内に新訳が出る
とは！買い直しか….
人文V

V.〈上・下〉(新潮社)
トマス ピンチョン・著
小山 太一、佐藤 良明・訳
定価各3150円

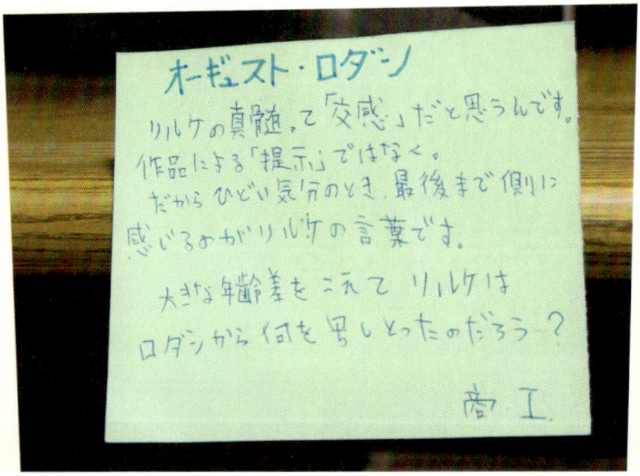
オーギュスト・ロダン
リルケの真髄って「交感」だと思うんです。
作品による「提示」ではなく。
だからひどい気分のとき、最後まで側に
感じるのがリルケの言葉です。
大きな年齢差をこえてリルケは
ロダンから何を学びとったのだろう…？
商・I.

オーギュスト・ロダン
—論説、講演、書簡(未知谷)
ライナー・マリーア リルケ・著
塚越 敏・訳
定価3150円

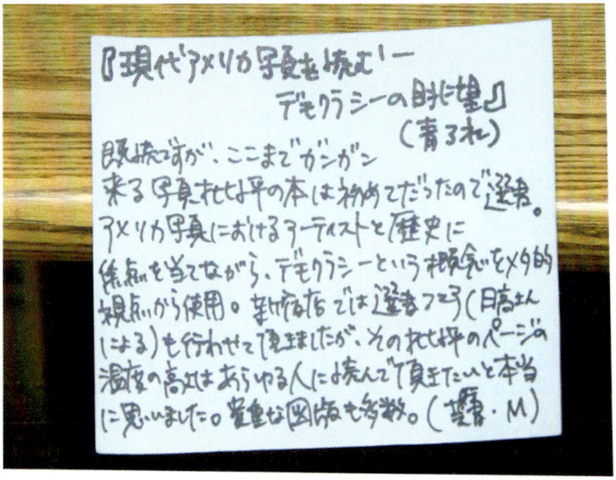
『現代アメリカ写真を読む―デモクラシーの眺望』
（青弓社）
既読ですが、ここまでガンガン
来る写真批評の本は初めてだったので選書。
アメリカ写真におけるアーティストと歴史に
焦点を当てながら、デモクラシーという概念をメタ的
視点から使用。新宿店では選書フェア（日高さん
による）も行わせて頂きましたが、その批評のページの
濃度の高さはあらゆる人に読んで頂きたいと本当
に思いました。貴重な図版も多数。（担当・M）

現代アメリカ写真を読む
―デモクラシーの眺望（青弓社）
日高 優・著
定価3150円

41歳からの哲学（新潮社）
池田 晶子・著
定価1260円

41歳からの哲学
池田晶子
考えることに、
手遅れはない。
この世の身近な出来事を深くやさしく考えた、
大人のための哲学。
週刊新潮
人気連載
単行本化
新潮社　定価：本体1200円［税別］
41歳からの哲学
わたしはものすごく死ぬことが
こわいです。この本を読んだら
恐怖がやわらぐんじゃないかと
思っています。
社会I

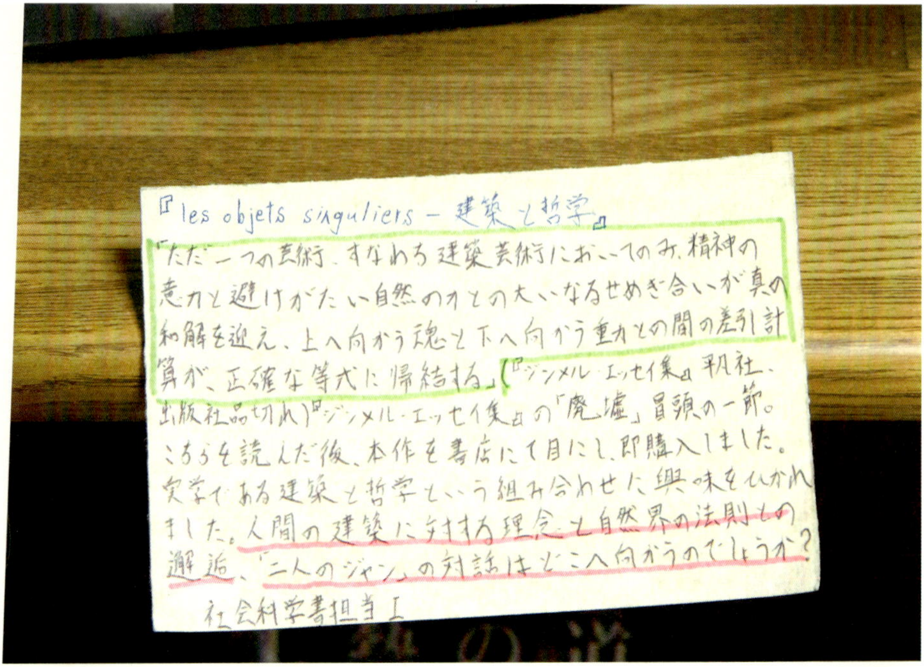
『les objets singuliers ― 建築と哲学』
「ただ一つの芸術、すなわち建築芸術においてのみ、精神の意力と避けがたい自然の力との大いなるせめぎ合いが真の和解を迎え、上へ向かう魂と下へ向かう重力との間の差引計算が、正確な等式に帰結する」(『ジンメル・エッセイ集』平凡社、出版社品切れ)『ジンメル・エッセイ集』の「廃墟」冒頭の一節。
こちらを読んだ後、本作を書店にて目にし、即購入しました。実学である建築と哲学という組み合わせに興味をひかれました。人間の建築に対する理念と自然界の法則との邂逅、「二人のジャン」の対話はどこへ向かうのでしょうか？
社会科学書担当I

les objets singuliers
― 建築と哲学（鹿島出版会）
ジャン ボードリヤール、ジャン ヌーヴェル・著
塚原 史・訳
定価2100円

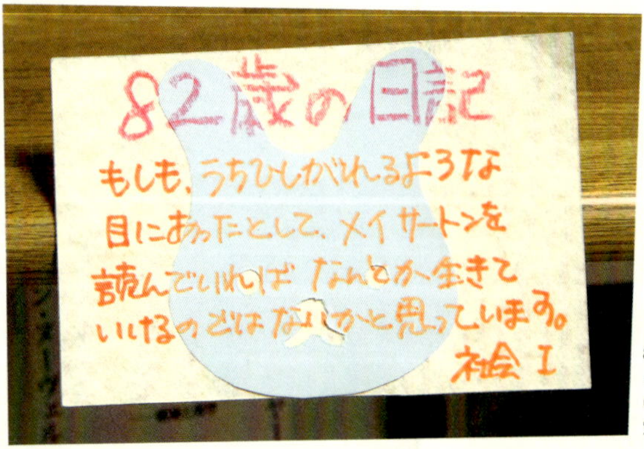
82歳の日記
もしも、うちひしがれるような目にあったとして、メイ・サートンを読んでいれば なんとか生きていけるのではないかと思っています。
社会I

82歳の日記（みすず書房）
メイ・サートン・著
中村 輝子・訳
定価2940円

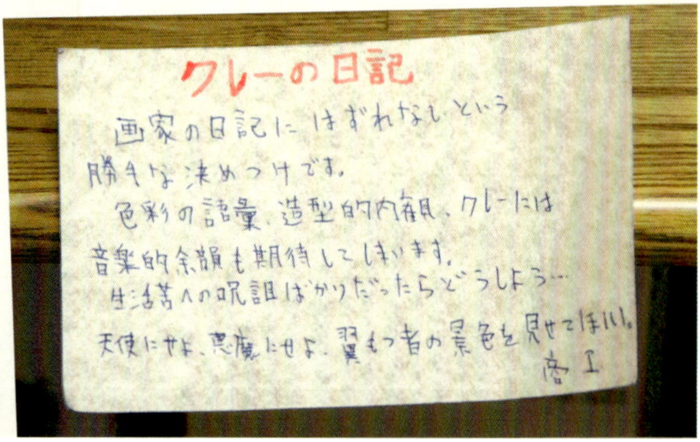
クレーの日記
画家の日記にはずれなしという勝手な決めつけです。
色彩の語彙、造型的内観、クレーには音楽的余韻も期待しています。
生活苦への呪詛ばかりだったらどうしよう…
天使にせよ、悪魔にせよ、翼もつ者の景色を見せてほしい。

クレーの日記（みすず書房）
パウル・クレー・著
ヴォルフガング・ケルステン・編
高橋 文子・訳
定価8925円

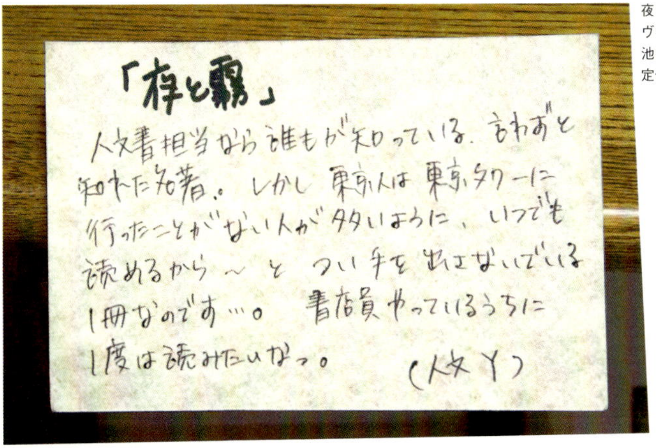
「夜と霧」
人文書担当なら誰もが知っている。言わずと
知れた名著。しかし東京人は東京タワーに
行ったことがない人が多いように、いつでも
読めるから～と つい手を出さないでいる
1冊なのです…。 書店員やっているうちに
1度は読みたいなっ。 (人文Y)

夜と霧 新版（みすず書房）
ヴィクトール・E・フランクル・著
池田 香代子・訳
定価1575円

白鯨　モービィ・ディック〈上・下〉
（講談社）
ハーマン・メルヴィル・著
千石 英世・訳
定価1995円

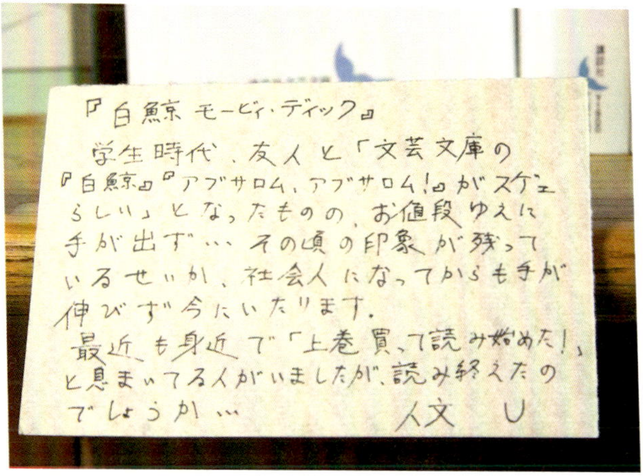
『白鯨 モービィ・ディック』
学生時代、友人と「文芸文庫の
『白鯨』『アブサロム、アブサロム!』がスゲェ
らしい」となったものの、お値段ゆえに
手が出ず… その頃の印象が残って
いるせいか、社会人になってからも手が
伸びず今にいたります。
最近も身近で「上巻買って読み始めた!」
と息まいてる人がいましたが、読み終えたの
でしょうか… 人文 U

読んでいない本について堂々と語る方法（筑摩書房）
ピエール・バイヤール・著
大浦 康介・訳
定価1995円

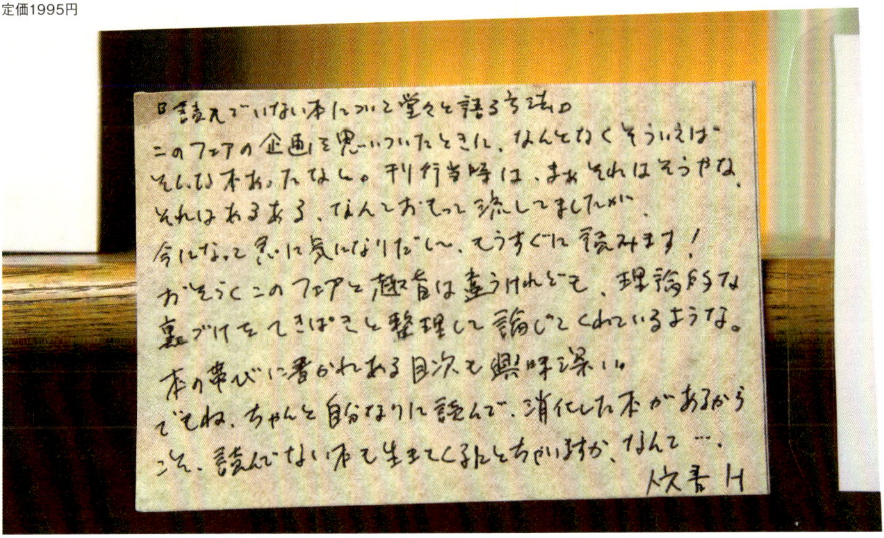
『読んでいない本について堂々と語る方法』
このフェアの企画を思いついたときに、なんとなくそういえば
そんな本あったなぁ。刊行当時は、まぁそれはそうやな、
それはあるある、なんておもって流してましたが、
今になって急に気になりだし～、もうすぐに読みます!
おそらくこのフェアと趣旨は違うけれども、理論的な
裏づけをてきぱきと整理して論じてくれているような。
本の帯びに書かれてある目次も興味深い。
でもね、ちゃんと自分なりに読んで、消化した本があるから
こそ、読んでない本も生きてくると思いますが、なんて…。
人文書 H

聖書
版元多数

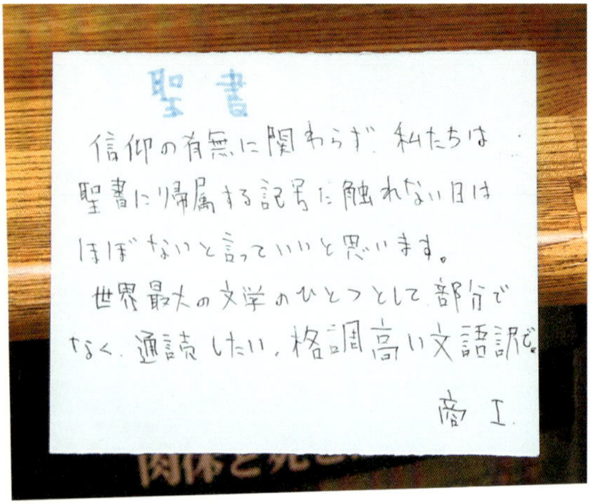
聖書
信仰の有無に関わらず、私たちは
聖書に帰属する記号に触れない日は
ほぼないと言っていいと思います。
世界最大の文学のひとつとして部分で
なく、通読したい。格調高い文語訳で。
宮 I.

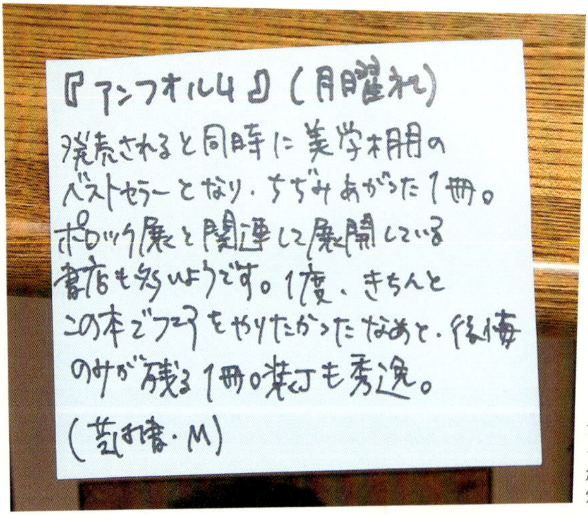
『アンフォルム』(月曜社)
発表されると同時に美学棚の
ベストセラーとなり、ちぢみあがった1冊。
ポロック展と関連して展開している
書店も多いようです。1度、きちんと
この本でフェアをやりたかったなあと、後悔
のみが残る1冊。装丁も秀逸。
(芸術書・M)

アンフォルム― 無形なものの事典(月曜社)
イヴ=アラン・ボワ、ロザリンド・E・クラウス・著
加治屋 健司、近藤 學、高桑 和巳・訳
定価3360円

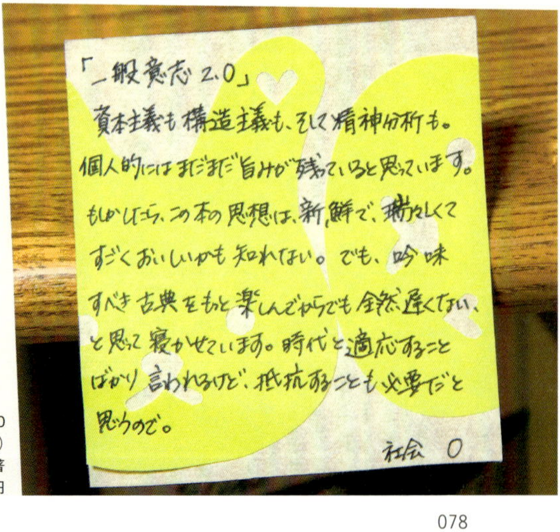
「一般意志2.0」
資本主義も構造主義も、そして精神分析も。
個人的にはまだまだ旨みが残っていると思っています。
もしかしたら、この本の思想は、新鮮で、瑞々しくて
すごくおいしいかも知れない。でも、吟味
すべき古典をもっと楽しんでからでも全然遅くない、
と思って寝かせています。時代に適応すること
ばかり言われるけど、抵抗することも必要だと
思うので。
社会 O

一般意思2.0
―ルソー、フロイト、グーグル(講談社)
東浩紀・著
定価1890円

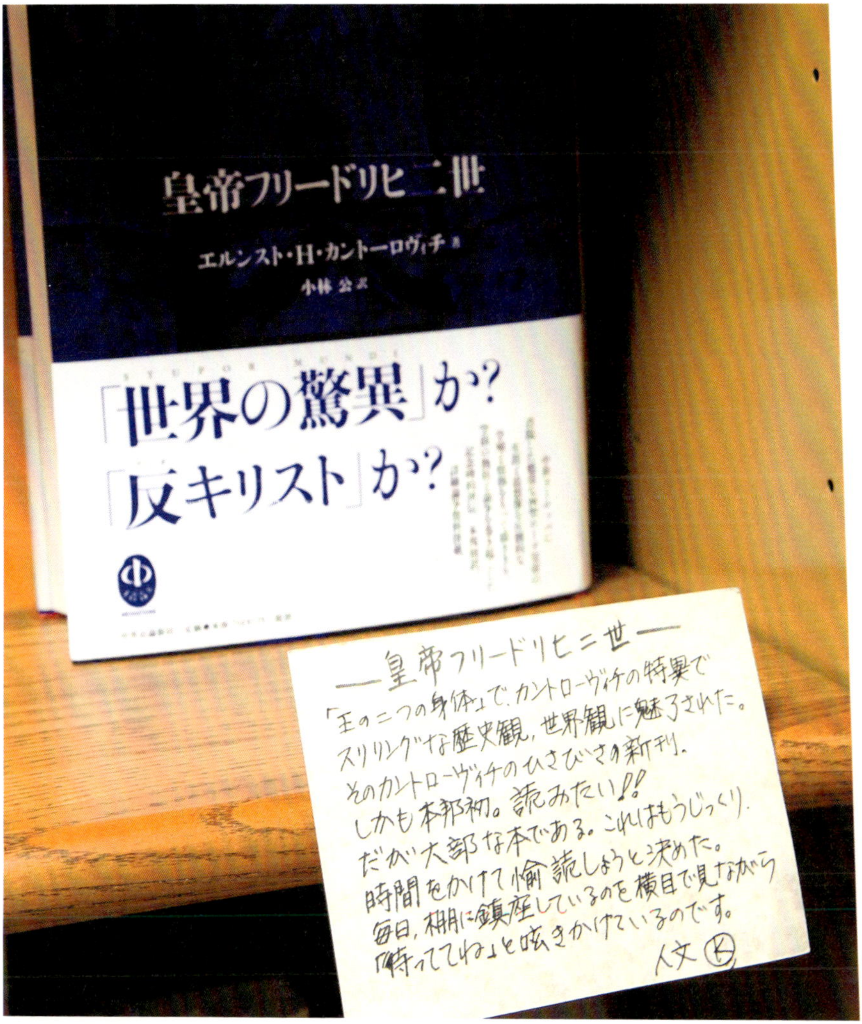

スリリングな歴史観、世界観に魅了された。

しかも本邦初。読みたい!!
だが大部な本である。これはもうじっくり、
時間をかけて愉読しようと決めた。
毎日、棚に鎮座しているのを横目で見ながら
「待っててね」と呟きかけているのです。

皇帝フリードリヒ二世（中央公論新社）
エルンスト・H・カントローヴィチ・著
小林 公・訳
定価7980円

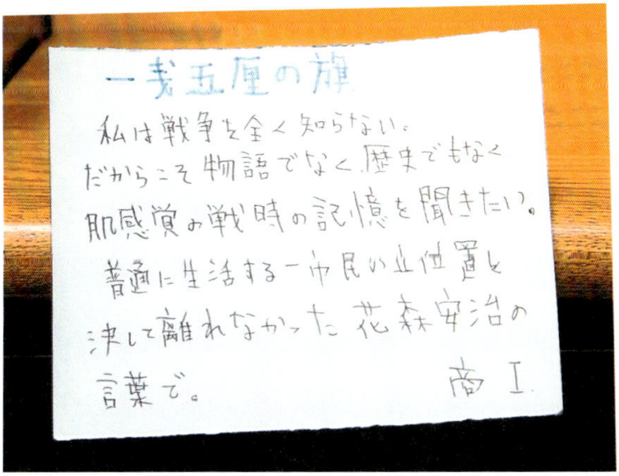

一戔五厘の旗
私は戦争を全く知らない。
だからこそ物語でなく歴史でもなく
肌感覚の戦時の記憶を聞きたい。
普通に生活する一市民の立位置と
決して離れなかった花森安治の
言葉で。
商 I.

一戔五厘の旗（暮しの手帖社）
花森 安治・著
定価2415円

群衆と権力〈上〉（法政大学出版局）
エリアス カネッティ・著
岩田 行一・訳
定価4725円

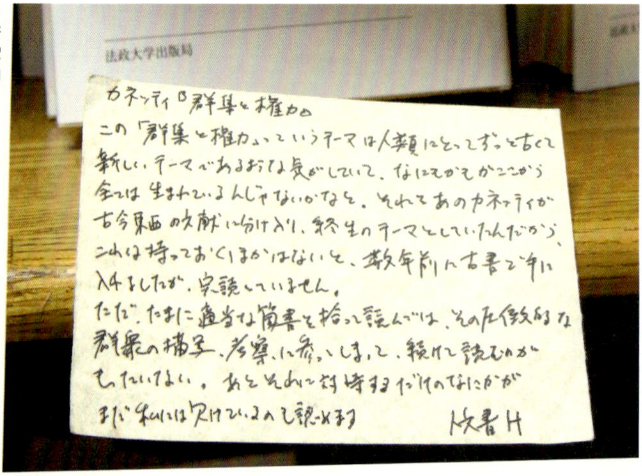
法政大学出版局
カネッティ『群集と権力』
この「群集と権力」っていうテーマは人類にとってずっと古くて
新しいテーマであるような気がしていて、なにもかもがここから
全ては生まれているんじゃないかなと。それであのカネッティが
古今東西の文献に分け入り、終生のテーマとしていたんだから
これは持っておくほかはないと、数年前に古書で手に
入れましたが、完読していません。
ただ、たまに適当な箇所を拾って読んでは、その圧倒的な
群衆の描写、考察に感心しまして、続けて読むのが
もったいない。あとそれに対峙するだけのなにかが
まだ私には欠けているのも認めます
人文書H

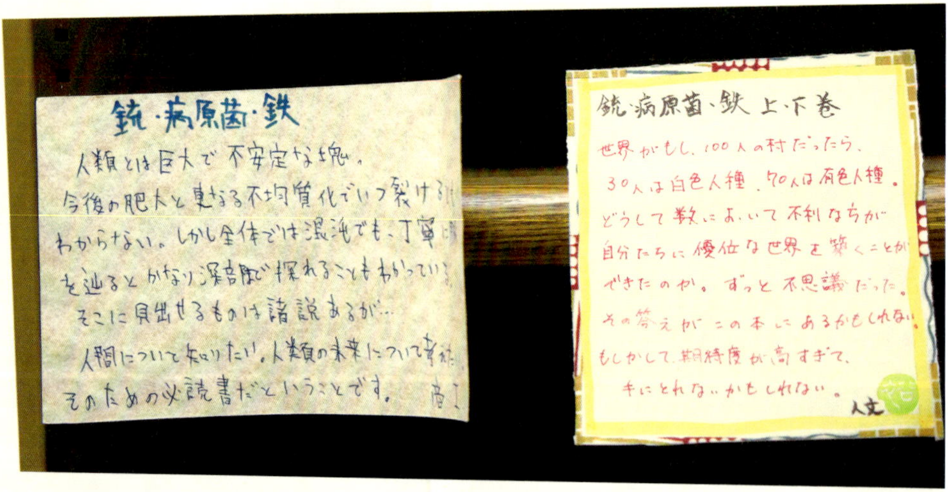
銃・病原菌・鉄
人類とは巨大で不安定な塊。
今後の肥大と更なる不均質化でいつ裂けるか
わからない。しかし全体では混沌でも、丁寧に
を辿るとかなり深部まで探れることもわかってい
そこに見出せるものは諸説あるが…
人間について知りたい、人類の未来について考えた
そのための必読書だということです。
銃・病原菌・鉄 上・下巻
世界がもし、100人の村だったら、
30人は白色人種、70人は有色人種。
どうして数において不利な方が
自分たちに優位な世界を築くことが
できたのか。ずっと不思議だった。
その答えがこの本にあるかもしれない。
もしかして、期待度が高すぎて、
手にとれないかもしれない。
人文

銃・病原菌・鉄
―1万3000年にわたる人類史の謎（草思社）
ジャレド ダイアモンド・著
倉骨 彰・訳
定価1995円

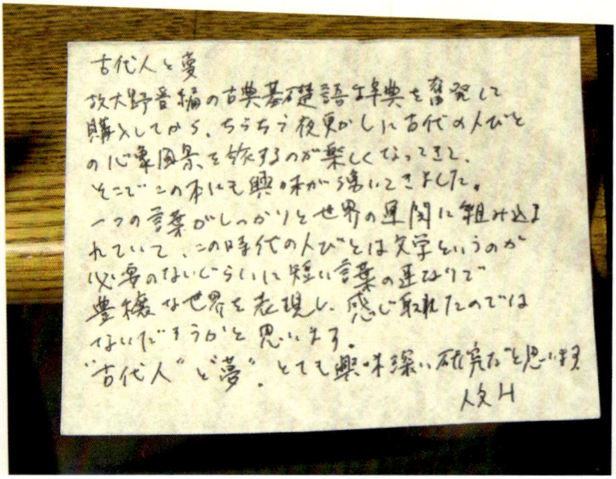
古代人と夢
故大野晋編の古典基礎語辞典を奮発して
購入してから、ちらちら夜更かしに古代の人びと
の心象風景を旅するのが楽しくなってきて、
そこでこの本にも興味が湧いてきました。
一つの言葉がしっかりと世界の連関に組み込ま
れていて、この時代の人びとは文字というのが
必要のないくらいに短い言葉の連なりで
豊穣な世界を表現し、感じ取れたのでは
ないだろうかと思います。
"古代人"と"夢"。とても興味深い研究だと思います
人文H

古代人と夢（平凡社）
西郷 信綱・著
定価1260円

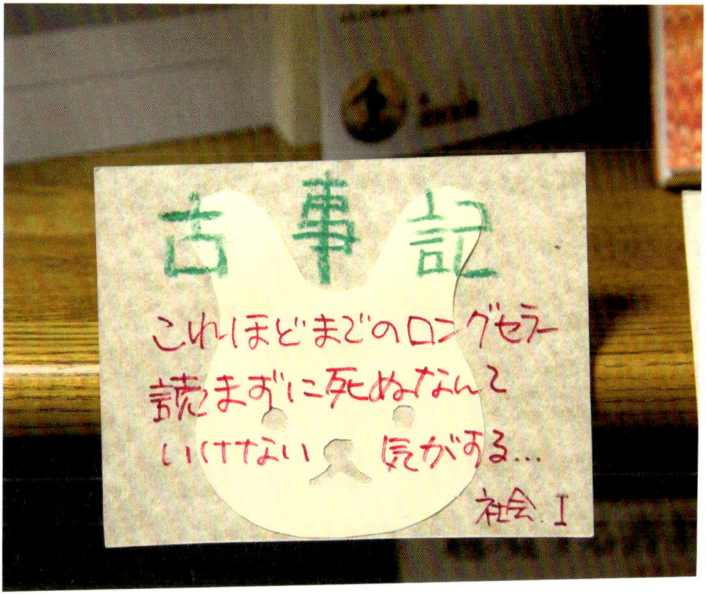
古事記
これほどまでのロングセラー
読まずに死ぬなんて
いけない 気がする…
社会 I

古事記（岩波書店）
倉野 憲司・著
定価987円

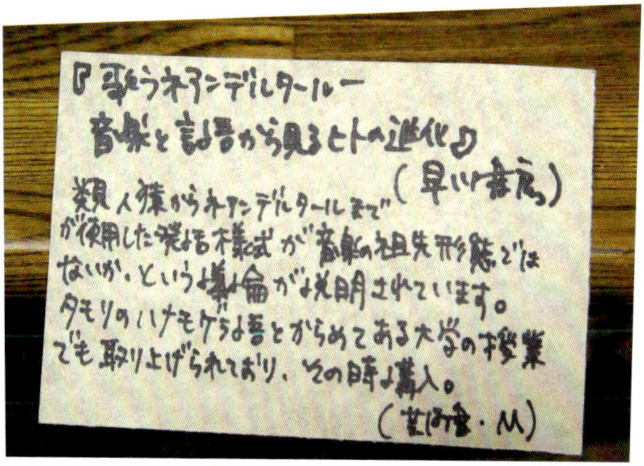
『歌うネアンデルタール―
音楽と言語から見るヒトの進化』
（早川書房）
類人猿からネアンデルタールまで
が使用した発語様式が音楽の祖先形態では
ないか、という理論が説明されています。
タモリのハナモゲラ語とからめてある大学の授業
でも取り上げられており、その時購入。
（芸術書・M）

歌うネアンデルタール
― 音楽と言語から見るヒトの進化（早川書房）
スティーヴン ミズン・著
熊谷 淳子・訳
定価2310円

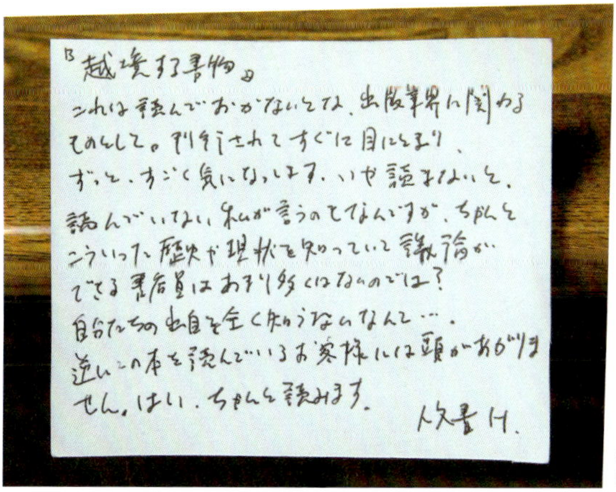
『越境する書物』
これは読んでおかないとな、出版業界に関わる
ものとして。刊行されてすぐに目にとまり、
ずっと、すごく気になってます。いや読まないと。
読んでいない私が言うのもなんですが、ちゃんと
こういった歴史や現状を知っていて議論が
できる書店員はあまり多くはないのでは？
自分たちの出自を全く知らないなんて…。
逆にこの本を読んでいるお客様には頭があがりま
せん。はい。ちゃんと読みます。
人文書H.

越境する書物
― 変容する読書環境のなかで（新曜社）
和田敦彦・著
定価4515円

プルーストとイカ
―読書は脳をどのように変えるのか?
(インターシフト)
メアリアン・ウルフ・著
小松 淳子・訳
定価2520円

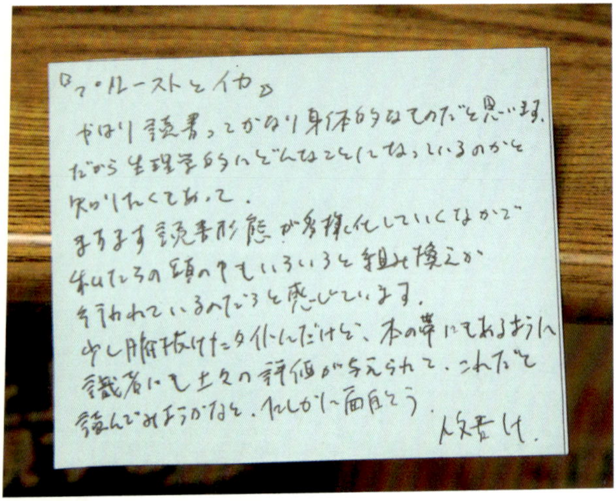
『プルーストとイカ』
やはり読書ってかなり身体的なものだと思います。
だから生理学的にどんなことになっているのかと
知りたくてあって。
ますます読書形態が多様化していくなかで
私たちの頭の中でもいろいろと組み換えが
行われているのだろうと感じています。
少し間抜けたタイトルだけど、本の帯にもあるように
識者にも上々の評価が与えられて、これだと
読んでみようかなと。たしかに面白そう。
人文書H.

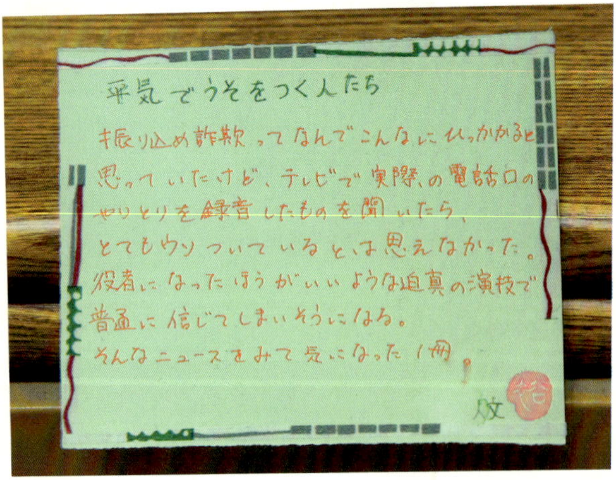
平気でうそをつく人たち
振り込め詐欺ってなんでこんなにひっかかると
思っていたけど、テレビで実際の電話口の
やりとりを録音したものを聞いたら、
とてもウソついているとは思えなかった。
役者になったほうがいいような迫真の演技で
普通に信じてしまいそうになる。
そんなニュースをみて気になった1冊。
人文

平気でうそをつく人たち
―虚偽と邪悪の心理学(草思社)
M・スコット・ペック・著
森英明・訳
定価998円

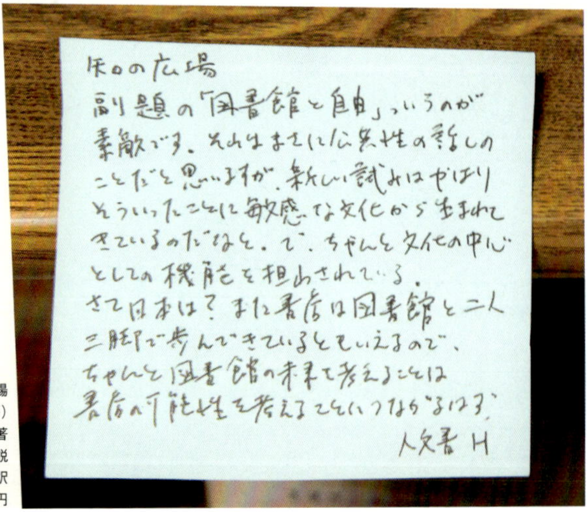
知の広場
副題の「図書館と自由」っていうのが
素敵です。それはまさに公共性の話の
ことだと思いますが、新しい試みはやはり
そういったことに敏感な文化から生まれて
きているのだなと。で、ちゃんと文化の中心
としての機能を担わされている。
さて日本は？また書店は図書館と二人
三脚で歩んできているともいえるので、
ちゃんと図書館の未来を考えることは
書店の可能性を考えることにつながるはず。
人文書H

知の広場
―図書館と自由(みすず書房)
アントネッラ・アンニョリ・著
柳 与志夫・解説
萱野 有美・訳
定価2940円

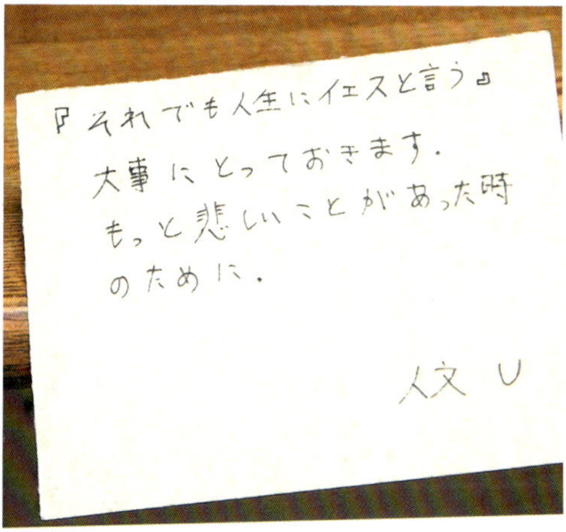
『それでも人生にイエスと言う』
大事にとっておきます.
もっと悲しいことがあった時
のために.
人文 U

それでも人生にイエスと言う（春秋社）
V.E. フランクル・著
山田 邦男、松田 美佳・訳
定価1785円

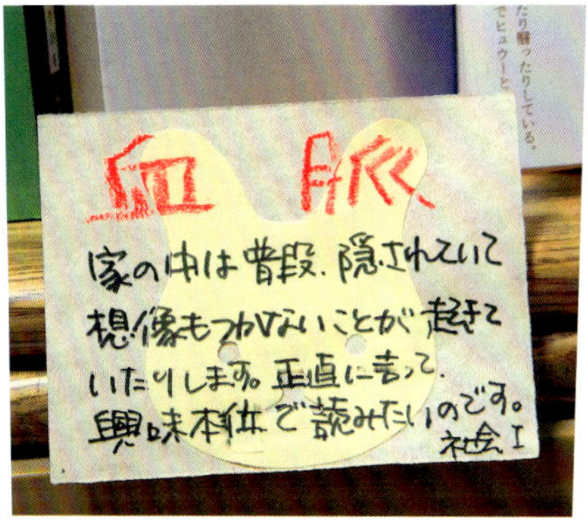
血脈
家の中は普段、隠されていて
想像もつかないことが起きて
いたりします。正直に言って
興味本位で読みたいのです。
社会 I

血脈〈上・中・下〉（文藝春秋）
佐藤 愛子・著
定価各840円

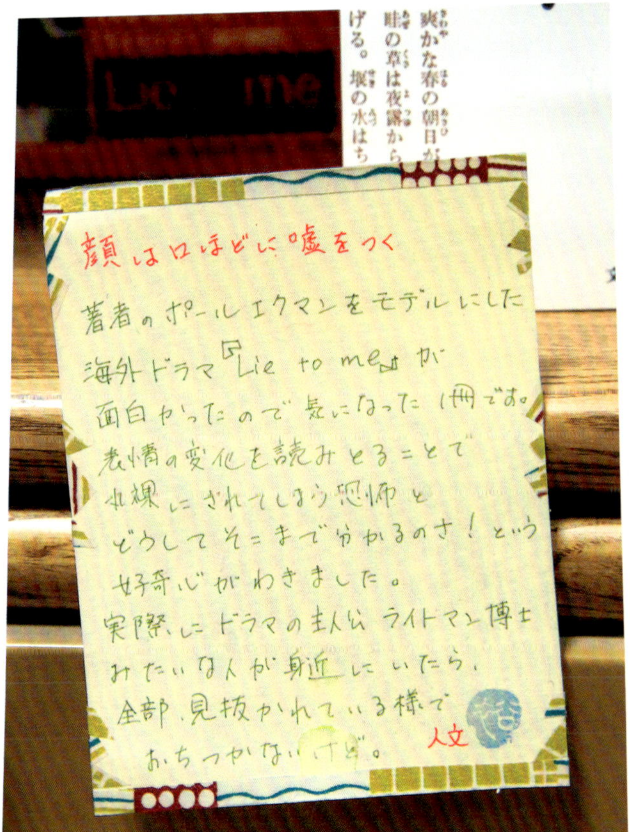
顔は口ほどに嘘をつく
著者のポールエクマンをモデルにした
海外ドラマ『Lie to me』が
面白かったので気になった1冊です。
表情の変化を読みとることで
丸裸にされてしまう恐怖と
どうしてそこまでわかるのさ！という
好奇心がわきました。
実際にドラマの主人公ライトマン博士
みたいな人が身近にいたら、
全部見抜かれている様で
おちつかないけど。
人文

顔は口ほどに嘘をつく
（河出書房新社）
ポール・エクマン・著
菅 靖彦・訳
定価1785円

シネマ2*時間イメージ（法政大学出版局）
ジル ドゥルーズ・著
宇野 邦一、江澤 健一郎、岡村 民夫、
石原 陽一郎、大原 理志・訳
定価4935円

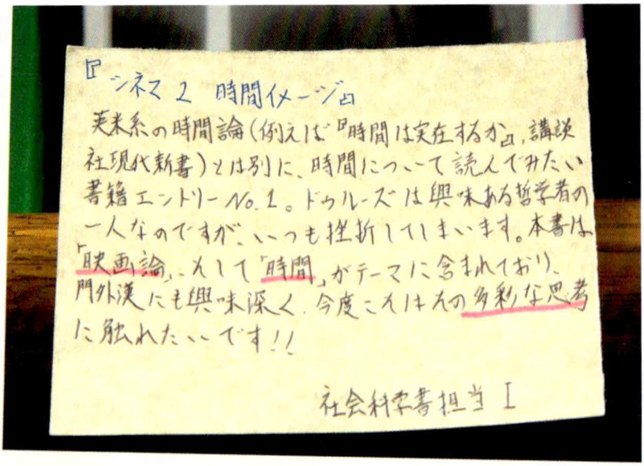
『シネマ2 時間イメージ』
英米系の時間論（例えば『時間は実在するか』、講談社現代新書）とは別に、時間について読んでみたい書籍エントリーNo.1。ドゥルーズは興味ある哲学者の一人なのですが、いつも挫折してしまいます。本書は「映画論」、そして「時間」がテーマに含まれており、門外漢にも興味深く、今度こそはその多彩な思考に触れたいです!!
社会科学書担当 I

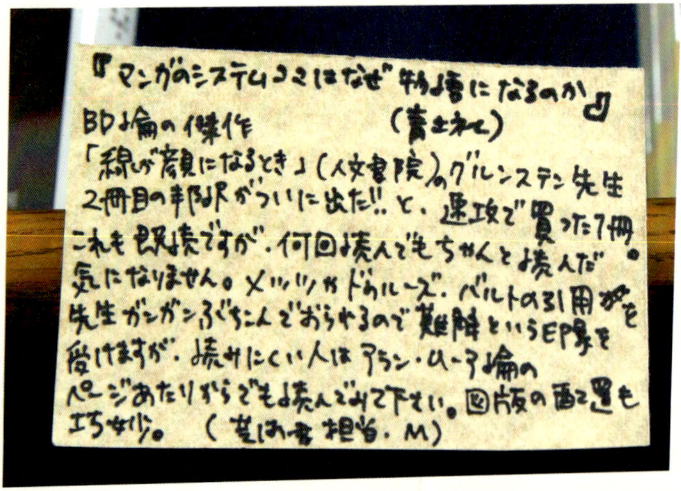
『マンガのシステム コマはなぜ物語になるのか』
（青土社）
BD論の傑作
「線が顔になるとき」（人文書院）のグルンステン先生2冊目の邦訳がついに出た!!と、速攻で買った1冊。
これも既読ですが、何回読んでもちゃんと読んだ気になりません。メッツやドゥルーズ、バルトの引用を先生ガンガンぶちこんでおられるので難解という印象を受けますが、読みにくい人はアラン・ムーア論のページあたりからでも読んでみて下さい。図版の配置も巧妙。（芸術書担当.M）

マンガのシステム
コマはなぜ物語になるのか（青土社）
ティエリ・グルンステン・著
野田謙介・訳
定価2940円

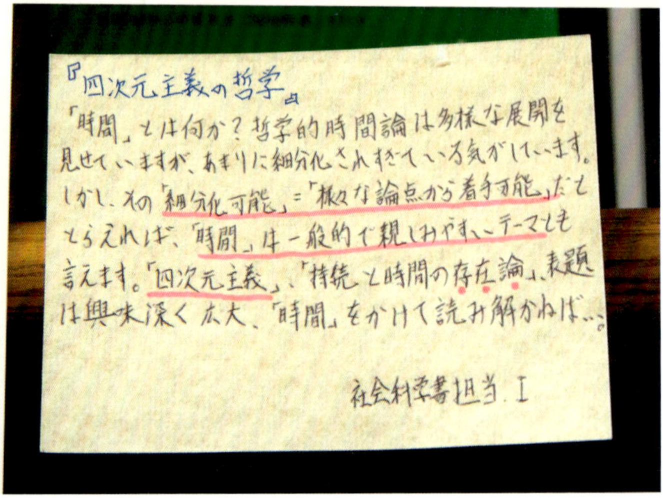
『四次元主義の哲学』
「時間」とは何か？哲学的時間論は多様な展開を見せていますが、あまりに細分化されすぎている気がします。しかし、その「細分化可能」＝「様々な論点から着手可能」だともとらえれば、「時間」は一般的で親しみやすいテーマとも言えます。「四次元主義」、「持続と時間の存在論」、表題は興味深く広大、「時間」をかけて読み解かねば…。
社会科学書担当 I

四次元主義の哲学
―持続と時間の存在論（春秋社）
セオドア サイダー・著
中山 康雄、小山 虎、
齋藤 暢人、鈴木 生郎・訳
定価3990円

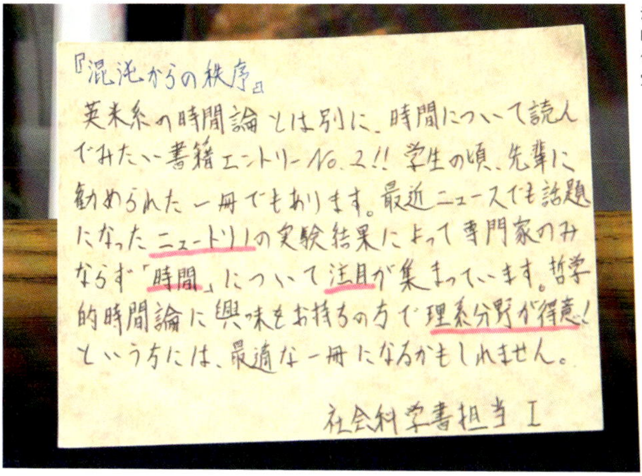

混沌からの秩序（みすず書房）
I. プリゴジン、I. スタンジェール・著
伏見 康治、伏見 譲、松枝 秀明・訳
定価4410円

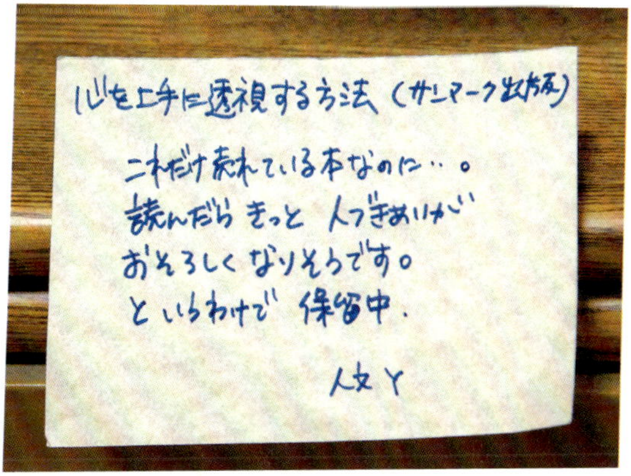

『混沌からの秩序』
英米系の時間論とは別に、時間について読んでみたい書籍エントリーNo.2‼ 学生の頃、先輩に勧められた一冊でもあります。最近ニュースでも話題になったニュートリノの実験結果によって専門家のみならず「時間」について注目が集まっています。哲学的時間論に興味をお持ちの方で理系分野が得意！という方には、最適な一冊になるかもしれません。

社会科学書担当 I

心を上手に透視する方法（サンマーク出版）
これだけ売れている本なのに…。
読んだらきっと 人づきあいが
おそろしくなりそうです。
というわけで 保留中。
人文Y

心を上手に透視する方法
（サンマーク出版）
トルステン・ハーフェナー・著
福原美穂子・訳
定価1575円

『記号主義』
合理・非合理・藝術・科学・建築・テクスト・デジタル…
興味深いテーマ群に対して、「言語中心主義」を退け、「絶対主義」ソービリズムにとらわれない、認識論は一体どこに着地地点を見出すのか。あるいはそもそも着地など考えていないのか、多様な議論に触れ、純粋に哲学を楽しめそうな一冊と感じました。

社会科学書担当 I

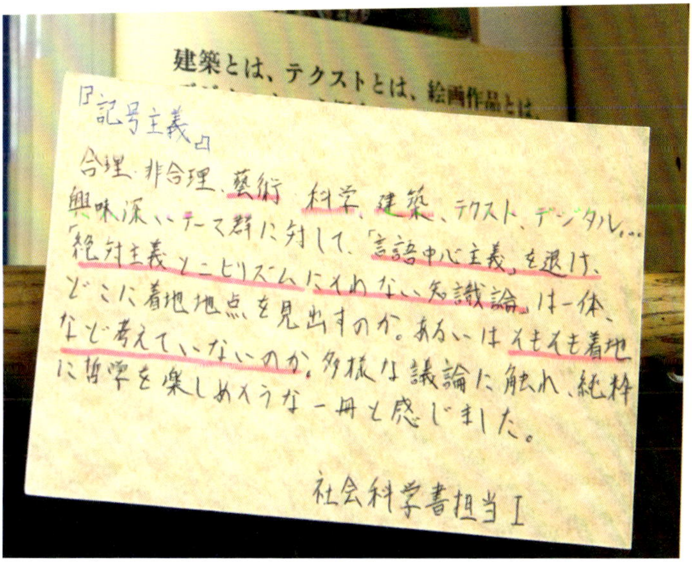

記号主義
——哲学の新たな構想（みすず書房）
N. グッドマン、C.Z. エルギン・著
菅野 盾樹・訳
定価4410円

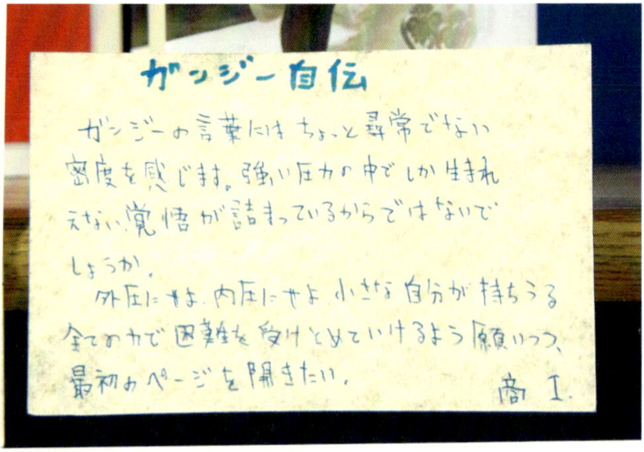
ガンジー自伝
ガンジーの言葉にはちょっと尋常でない
密度を感じます。強い圧力の中でしか生まれ
えない覚悟が詰まっているからではないで
しょうか。
外圧にせよ、内圧にせよ小さな自分が持ちうる
全ての力で困難を受けとめていけるよう願いつつ、
最初のページを開きたい。
商 I.

ガンジー自伝（中央公論新社）
マハトマ ガンジー・著
蝋山 芳郎・訳
定価1450円

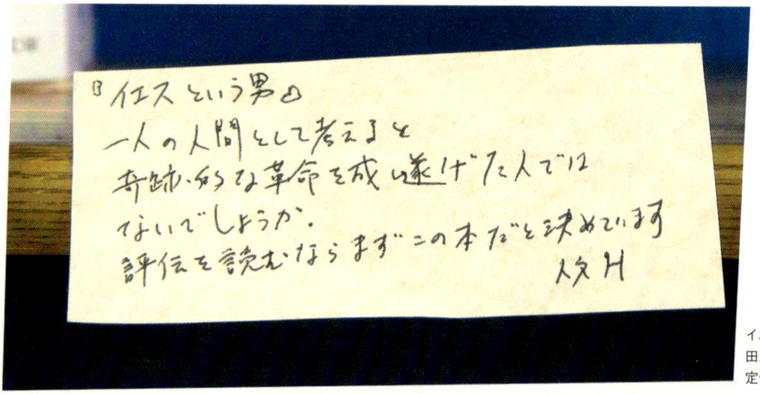
『イエスという男』
一人の人間として考えると
奇跡的な革命を成し遂げた人では
ないでしょうか。
評伝を読むならまずこの本だと決めています
人文 H

イエスという男（作品社）
田川 建三・著
定価2940円

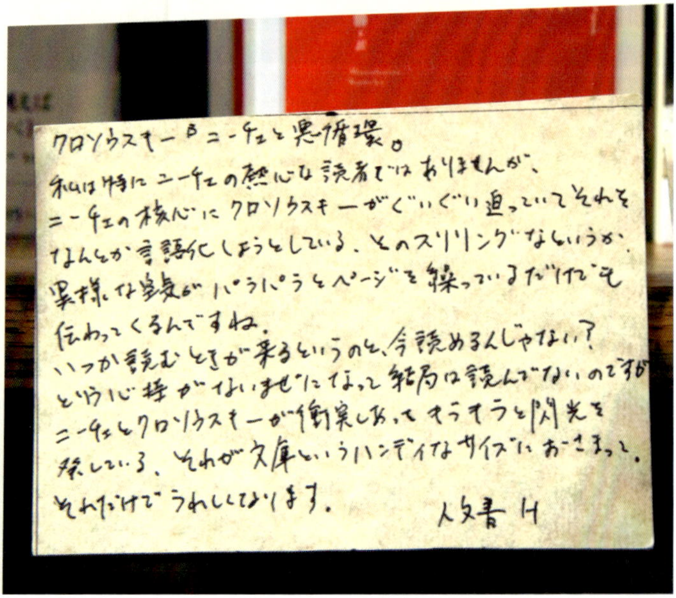
クロソウスキー『ニーチェと悪循環』
私は特にニーチェの熱心な読者ではありませんが、
ニーチェの核心にクロソウスキーがぐいぐい迫っていてそれを
なんとか言語化しようとしている。そのスリリングなというか、
異様な空気がパラパラとページを繰っているだけでも
伝わってくるんですね。
いつか読むときが来るというのと、今読めるんじゃない？
という心構えがないまぜになって結局は読んでないのですが
ニーチェとクロソウスキーが衝突しあってキラキラと閃光を
発している。それが文庫というハンディなサイズにおさまって、
それだけでうれしくなります。
人文書 H

ニーチェと悪循環（筑摩書房）
ピエール・クロソウスキー・著
兼子 正勝・訳
定価1575円

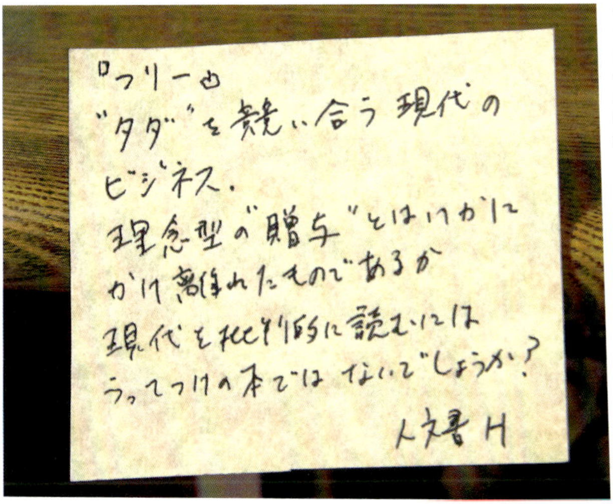
『フリー』
"タダ"を競い合う現代の
ビジネス.
理念型の"贈与"とはいかに
かけ離れたものであるか
現代を批判的に読むには
うってつけの本ではないでしょうか？
人文書H

フリー
〈無料〉からお金を生みだす新戦略
（日本放送出版協会）
クリス・アンダーソン・著
小林弘人・監
高橋則明・訳
定価1890円

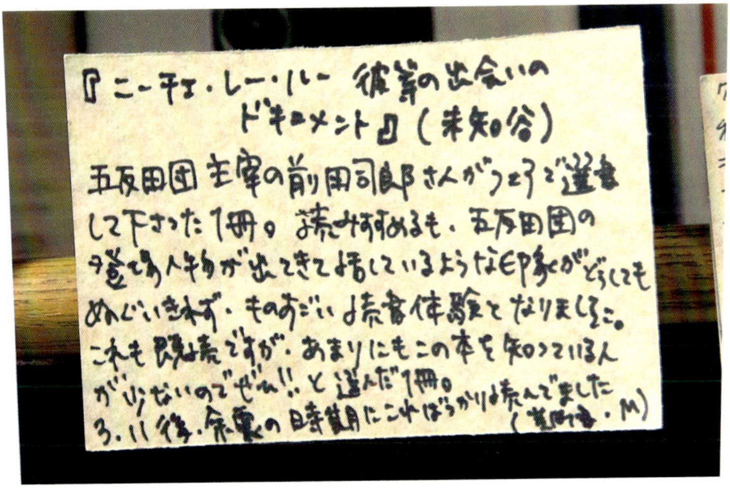
『ニーチェ・レー・ルー 彼等の出会いの
ドキュメント』（未知谷）
五反田団主宰の前田司郎さんがフェアで選書
して下さった1冊。読みすすめるも、五反田団の
登場人物が出てきて話しているような印象がどうしても
ぬぐいきれず・ものすごい読書体験となりました。
これも難読ですが・あまりにもこの本を知っている人
が少ないのでぜひ!!と選んだ1冊。
3.11後.余震の時期にこればっかり読んでました
（芸術書・M）

ニーチェ・レー・ルー
—彼等の出会いのドキュメント（未知谷）
ニーチェ，レー，ルー・著
E・プファイファー・編
真田 収一郎・訳
定価5250円

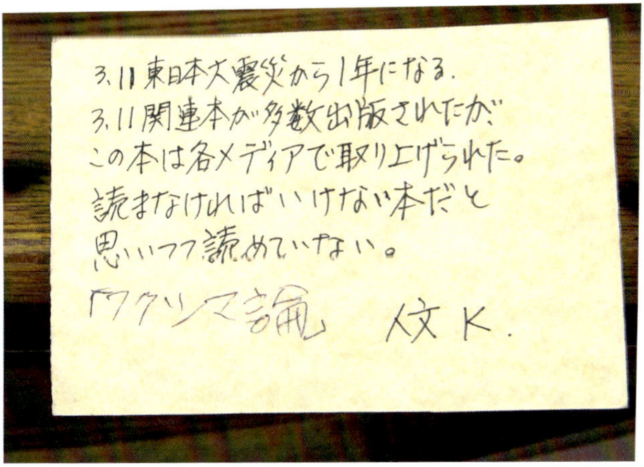
3.11東日本大震災から1年になる.
3.11関連本が多数出版されたが,
この本は各メディアで取り上げられた。
読まなければいけない本だと
思いつつ読めていない。
「フクシマ論」 人文K.

「フクシマ」論
原子カムラはなぜ生まれたのか（青土社）
開沼 博・著
定価2310円

エロティシズム（筑摩書房）
G・バタイユ・著
酒井 健・訳
定価1575円

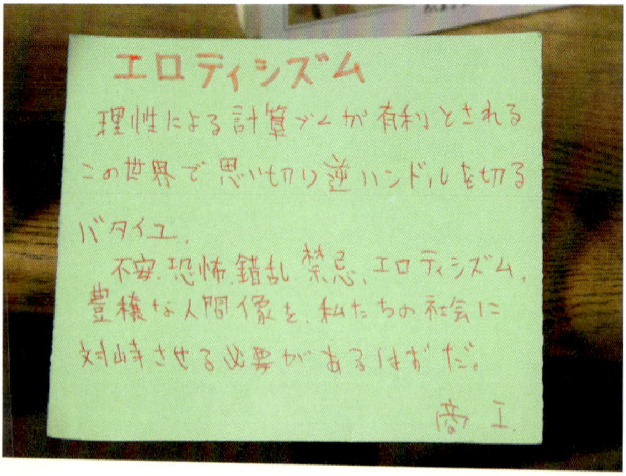
エロティシズム
理性による計算ずくが有利とされる
この世界で思い切り逆ハンドルを切る
バタイユ。
不安、恐怖、錯乱、禁忌、エロティシズム。
豊穣な人間像を、私たちの社会に
対峙させる必要があるはずだ。
商工.

モチベーション3.0
持続する「やる気！」をいかに引き出すか（講談社）
ダニエル・ピンク・著
大前 研一・訳
定価1890円

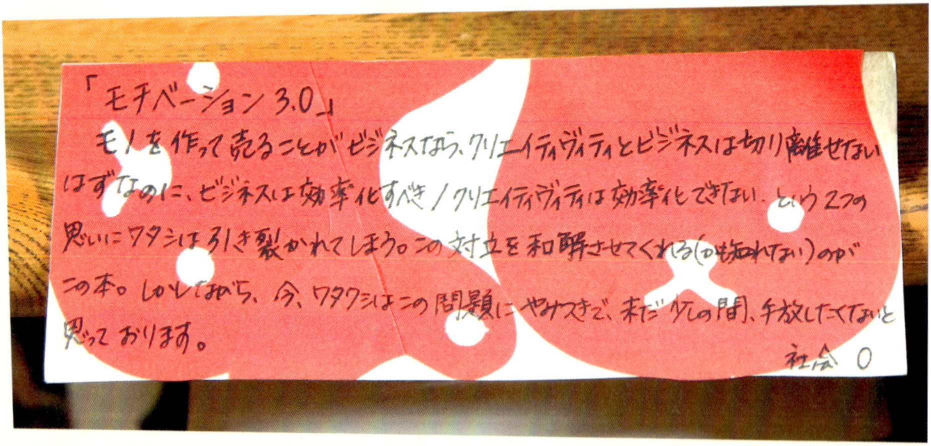
「モチベーション3.0」
モノを作って売ることがビジネスなら、クリエイティヴィティとビジネスは切り離せない
はずなのに、ビジネスは効率化すべき／クリエイティヴィティは効率化できない、という2つの
思いにワタシは引き裂かれてしまう。この対立を和解させてくれる(かも知れない)のが
この本。しかしながら、今、ワタシはこの問題にやみつきで、未だ少しの間、手放したくないと
思っております。
社会 O

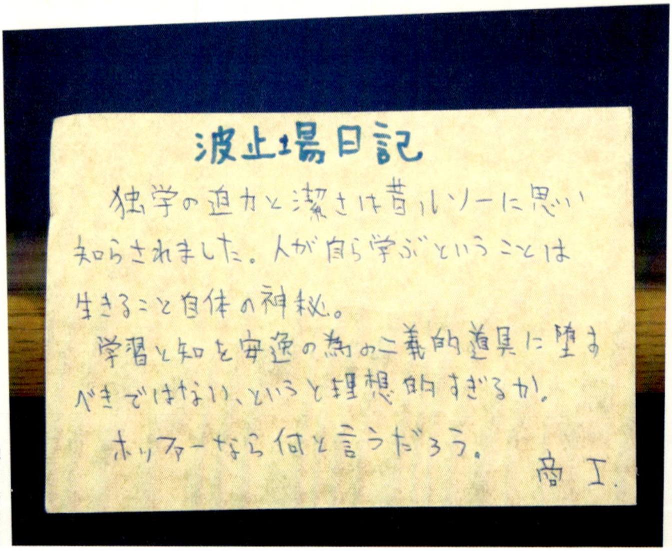
波止場日記
独学の迫力と潔さは昔ルソーに思い
知らされました。人が自ら学ぶということは
生きること自体の神秘。
学習と知を安逸の為の二義的道具に堕す
べきではない、というと理想的すぎるか。
ホッファーなら何と言うだろう。
商工.

波止場日記
―労働と思索（みすず書房）
エリック ホッファー・著
田中 淳・訳
定価2940円

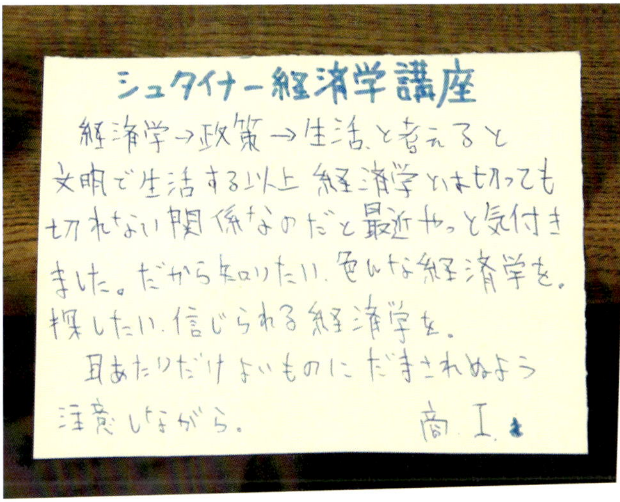
シュタイナー経済学講座
経済学→政策→生活と考えると
文明で生活する以上 経済学とは切っても
切れない関係なのだと最近やっと気付き
ました。だから知りたい。色んな経済学を。
探したい。信じられる経済学を。
耳あたりだけよいものにだまされぬよう
注意しながら。
商.I.ま

シュタイナー経済学講座
―国民経済から世界経済へ（筑摩書房）
ルドルフ シュタイナー・著
西川 隆範・訳
定価1260円

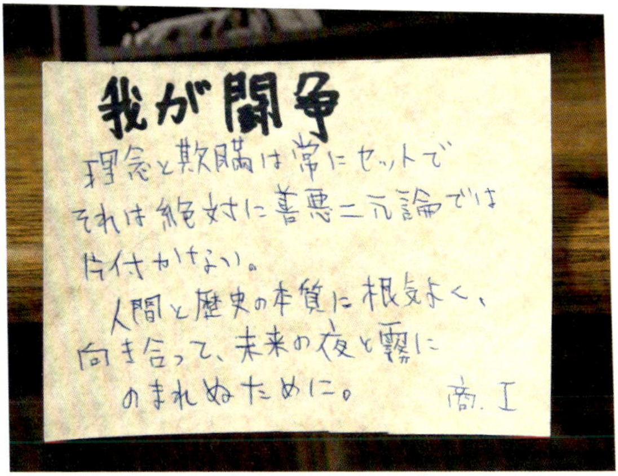
我が闘争
理念と欺瞞は常にセットで
それは絶対に善悪二元論では
片付かない。
人間と歴史の本質に根気よく、
向き合って、未来の夜と霧に
のまれぬために。
商.I

わが闘争〈上・下〉
（角川書店）
アドルフ・ヒトラー・著
平野 一郎、将積 茂・訳
順に定価840円、740円

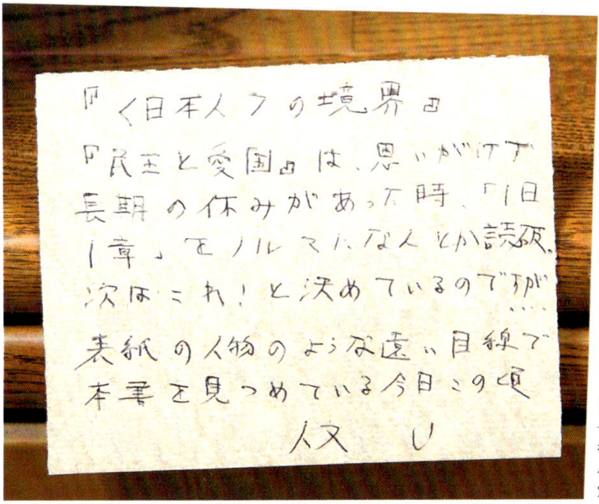
『〈日本人〉の境界』
『民主と愛国』は、思いがけず
長期の休みがあった時、「1日
1章」をノルマになんとか読破。
次はこれ！と決めているのですが…
表紙の人物のような遠い目線で
本書を見つめている今日この頃
人文 U

「日本人」の境界
―沖縄・アイヌ・台湾・朝鮮 植民地支配から
復帰運動まで（新曜社）
小熊 英二・著
定価6090円

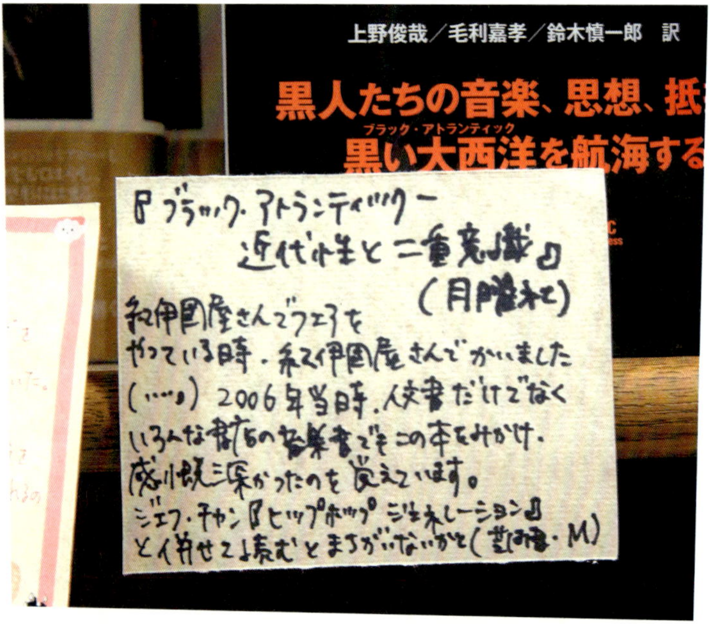

上野俊哉／毛利嘉孝／鈴木慎一郎 訳

黒人たちの音楽、思想、抵
黒い大西洋を航海する

ブラック・アトランティック
――近代性と二重意識（月曜社）
ポール ギルロイ・著
上野 俊哉、鈴木 慎一郎、
毛利 嘉孝・訳
定価3360円

> 『ブラック・アトランティック――
> 　近代性と二重意識』
> 　　　　　　　（月曜社）
> 紀伊國屋さんでフェアを
> やっている時、紀伊國屋さんでかいました
> (……) 2006年当時、人文書だけでなく
> いろんな部署の担当者でこの本をみかけ、
> 成川説三深かったのを覚えています。
> ジェフ・チャン『ヒップホップ・ジェネレーション』
> と併せて読むとまちがいないかと（芸能書・M）

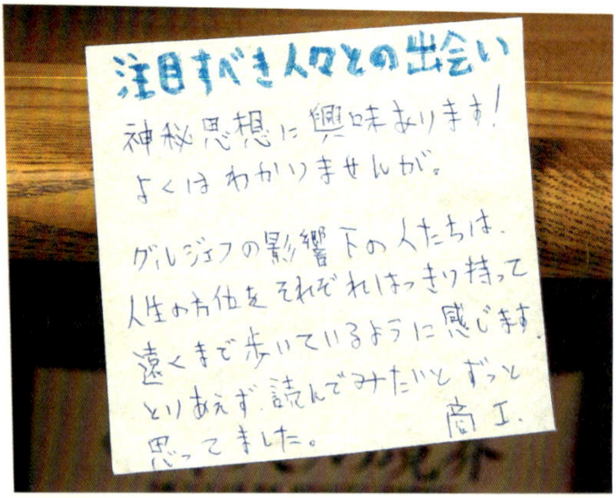

注目すべき人々との出会い
（めるくまーる）
G.I.グルジェフ・著
星川 淳・訳
定価2310円

> 注目すべき人々との出会い
> 神秘思想に興味あります！
> よくはわかりませんが。
>
> グルジェフの影響下の人たちは、
> 人生の方位をそれぞれはっきり持って
> 遠くまで歩いているように感じます。
> とりあえず、読んでみたいとずっと
> 思ってました。
> 　　　　　　　　　　　岩工

三角寛「サンカ小説」の誕生
（現代書館）
今井 照容・著
定価3360円

> 『三角寛「サンカ小説」の誕生』
> 　　　　　　　（現代書館）
> 荒俣宏氏が高評で激賞されていた1冊。
> 沖浦和光『幻の漂泊民・サンカ』（文春文庫）
> と早く読みくらべてみようと思いながらも、なかなか
> できてません。オセロ中島騒動かも。ネット上で「現
> 代のサンカをまたつくりようとしている」から読みかけて
> いましたが… まさに、よむてなら、よく分かんない
> けど、今！！（芸能書 担当・M）

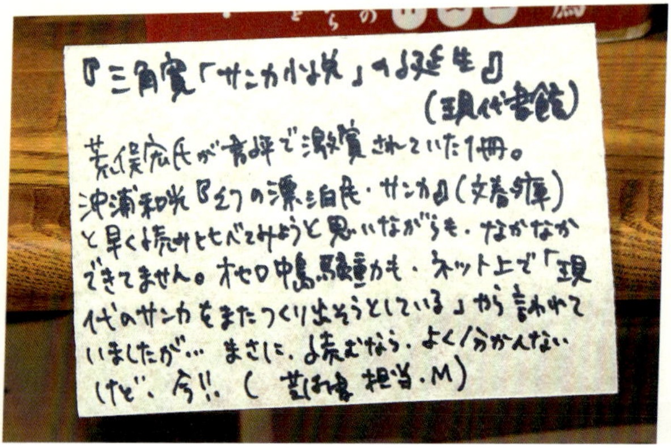

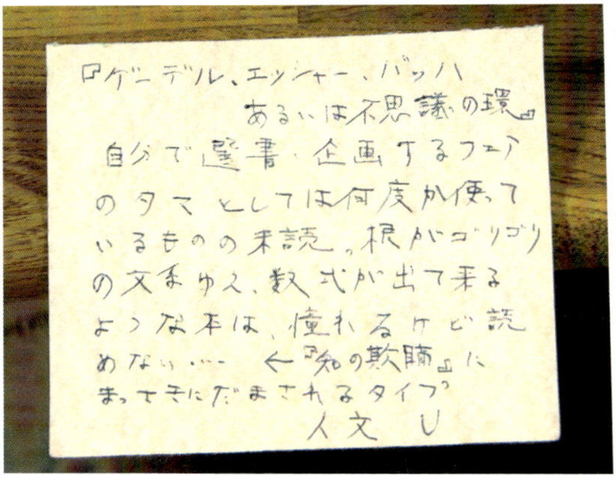
『ゲーデル、エッシャー、バッハ
あるいは不思議の環』
自分で選書・企画するフェアのタマとしては何度か使っているものの未読。根がゴリゴリの文系ゆえ、数式が出て来るような本は、憧れるけど読めない…… ←『知の欺瞞』にまっさきにだまされるタイプ
人文 U

ゲーデル、エッシャー、バッハ
―あるいは不思議の環 20周年記念版（白揚社）
ダグラス・R. ホフスタッター・著
野崎 昭弘、柳瀬 尚紀、はやし はじめ・訳
定価6090円

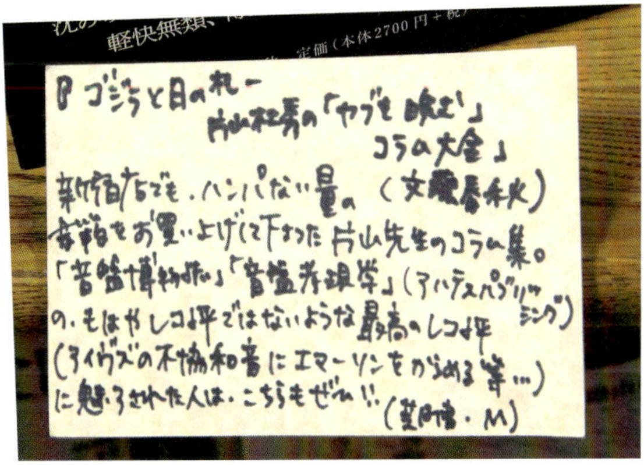
軽快無類、
『ゴジラと日の丸―
片山杜秀の「ヤブを睨む」
コラム大全』
新宿店でも、ハンパない量の（文藝春秋）
書籍をお買い上げ下さった片山先生のコラム集。
「音盤博物誌」「音盤考現学」（アルテスパブリッシング）
の、もはやレコ評ではないような最高のレコ評
（アイヴズの不協和音にエマーソンをからめる等…）
に魅了された人は、こちらもぜひ!!
（芸術書・M）

ゴジラと日の丸
―片山杜秀の「ヤブを睨む」コラム大全
（文藝春秋）
片山 杜秀・著
定価2835円

自己愛過剰社会（河出書房新社）
ジーン・M・トウェンギ、
W・キース・キャンベル・著
桃井 緑美子・訳
定価2940円

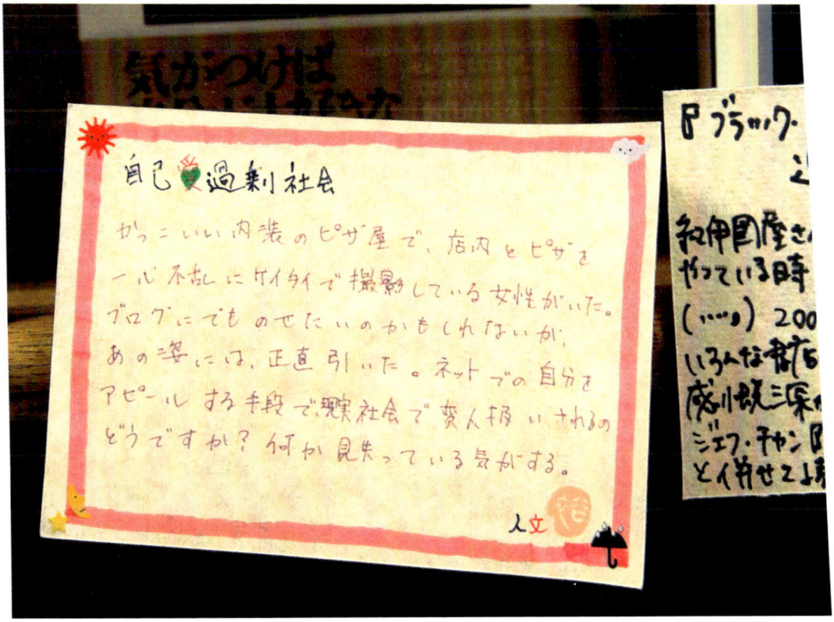
気がつけば
自己愛過剰社会
かっこいい内装のピザ屋で、店内とピザを一心不乱にケイタイで撮影している女性がいた。ブログにでものせたいのかもしれないが、あの姿には、正直引いた。ネットでの自分をアピールする手段で、実社会で変人扱いされるのどうですか？何か見失っている気がする。
人文
『ブラック

クワイン
―ホーリズムの哲学（平凡社）
丹治 信春・著
定価1575円

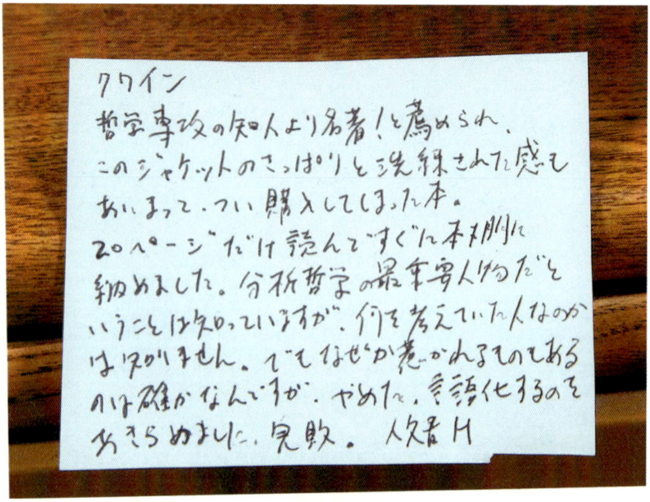
クワイン
哲学専攻の知人より名著！と薦められ、
このジャケットのさっぱりと洗練された感も
あいまって、つい購入してしまった本。
20ページだけ読んですぐに本棚に
納めました。分析哲学の最重要人物だと
いうことは知っていますが、何を考えていた人なのか
は知りません。でもなぜか惹かれるものもある
のは確かなんですが、やめた、言語化するのを
あきらめました。完敗。 人文書H

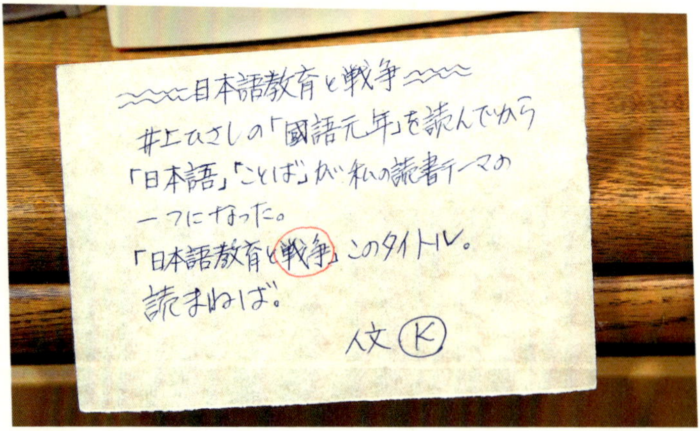
日本語教育と戦争
井上ひさしの「國語元年」を読んでから
「日本語」「ことば」が私の読書テーマの
一つになった。
「日本語教育と戦争」このタイトル。
読まねば。
人文Ⓚ

日本語教育と戦争
―「国際文化事業」
の理想と変容（新曜社）
河路 由佳・著
定価4515円

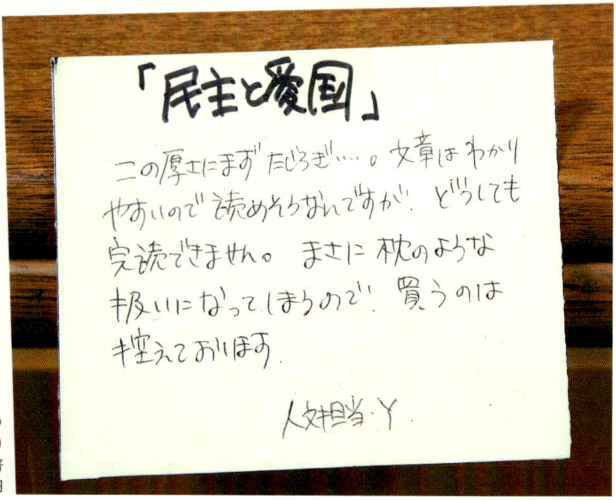
「民主と愛国」
この厚さにまずたじろぎ…。文章はわかり
やすいので読めそうなんですが、どうしても
完読できません。まさに枕のような
扱いになってしまうので、買うのは
控えております。
人文担当Y

〈民主〉と〈愛国〉
―戦後日本のナショナリズムと公共性（新曜社）
小熊 英二・著
定価6615円

欲望と楽を
赤裸々に告白します
さようなら、ジュンク堂新宿店！企画
私たち、本にはいつも片想い
書物に対する欲望と快楽、その現代的考察
失われた時を求めて
なしくずしの死
41歳からの哲学
池田晶子
考えることに、手遅れはない。
白鯨

売り場担当より

最後のラブレター

売場をつくる上でいつも意識してきたこと。作家、出版社、書店そしてお客様が常につながっていること。書店とはお客様も含めてみんなで成長していくものだと思っていたので、オープンした頃から、積極的にイベントなどで作家さんに足を運んでいただき、時には棚づくりにご協力いただくこともありました。

作家さんの息吹を感じられる店、新宿店の児童書売り場はまさに私の理想の場所でした。エスカレーターの脇には来店いただいた作家さんの色紙が百枚ほどズラリ。イベントや遊びに来てくださった時に、お願いして書いていただいたものです。人気のラーメン屋さんのように見えたので、通称ラーメン屋横丁！ 絵本作家さんのものも多かったので、ちょっとしたギャラリーのようでした。常に作家さんの足跡を辿れるような売場がつくれたのも、作家さんたちがまるで自分の本屋のように、楽しんで空間を彩ってくれたからです。お客様にとっても、自分の好きな本をつくった作家さんが同じ空間にいたということを味わえるのは、貴重な体験だと思います。作家の匂い、ライブ感を演出するのが、売り場の特徴でもありました。

閉店が決まった時、この愛おしい場所がなくなることを受け入れることができませんでした。「なにかしたい」と日々欲求の赴くままにフェアをしてきましたが、閉店に向けて商品の入荷も抑えなくてはならないし、気持ちも落ち込み、残された日々で大きなフェアをやることを正直ためらっていました。しかし、閉店が近づくにつれ、みんなでつくり上げたこの幸せな売り場と関わってくださった作家さんへの感謝を込めて、何かしたいと思うようになりました。

児童書売り場最後のフェアのタイトルは『ジュンク堂書店新宿店児童書売り場を共に盛り上げてくれた作家たち』。特に関わりの深い総勢五十八名の本を並べ、その作家さんたち手作りのオブジェなどの「足跡」を売り場で探してまわれる宝の地図も用意しました。添えたPOPは、本の内容とは全く関係のない担当者からのラブレター。お客様には意味がわからなくても、そこにある想いを伝えたかったから。

これを書いている今、出張先の弘前よりPOPを作家さんに送っています。大好きな人たちとつくった大好きな場所。このラブレターを出し終えた時、私の新宿店は閉店します。

児童書担当　兼森理恵

第4章
さようなら新宿

社会科学
担当者が本当に
売りたかった本

さようなら　新宿
さようなら　新宿
新刊話題書
新宿店は閉店します。
社会科
国際関係学
反戦と非暴力

伝説の外資トップが説く
働き方の教科書
（ダイヤモンド社）
新将命・著
定価1680円

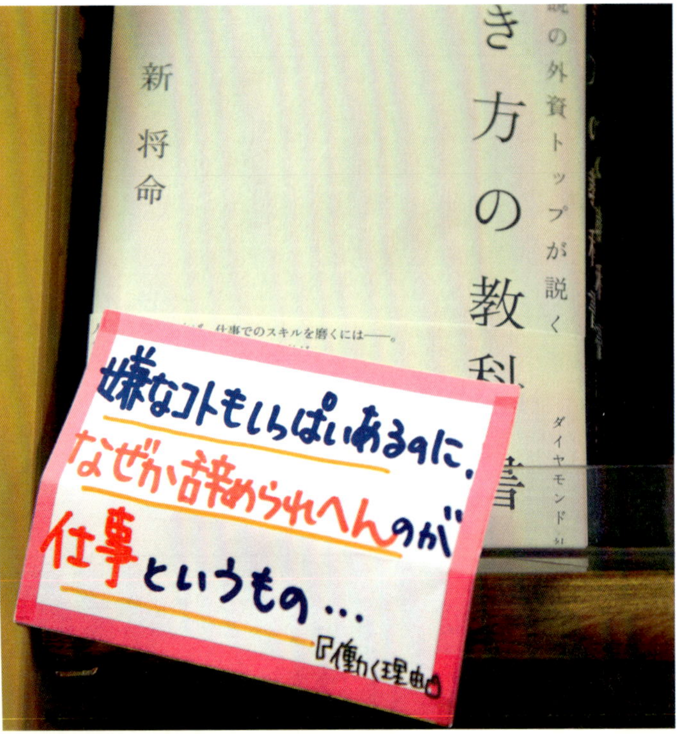

スティーブ・ジョブズ
驚異のイノベーション
—人生・仕事・世界を変える7つの法則
（日経BP社）
カーマイン・ガロ・著
井口 耕二・訳

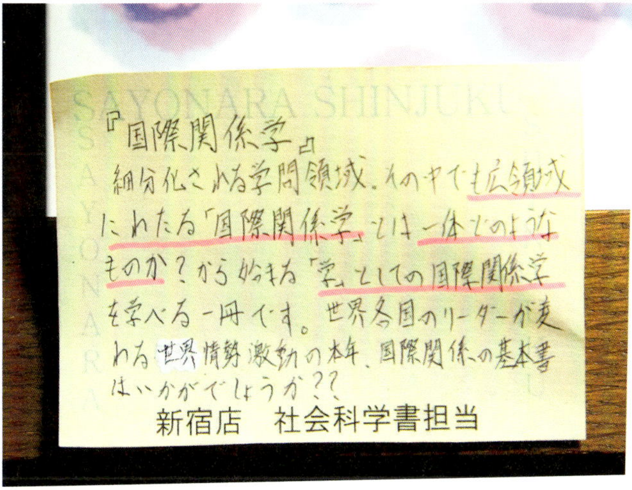
SAYONARA SHINJUKU
『国際関係学』
細分化される学問領域。その中でも広領域にわたる「国際関係学」とは一体どのようなものか？から始まる「学」としての国際関係学を学べる一冊です。世界各国のリーダーが変わる世界情勢激動の本年、国際関係の基本書はいかがでしょうか？？
新宿店　社会科学書担当

国際関係学
（東京大学出版会）
百瀬 宏・著
定価2520円

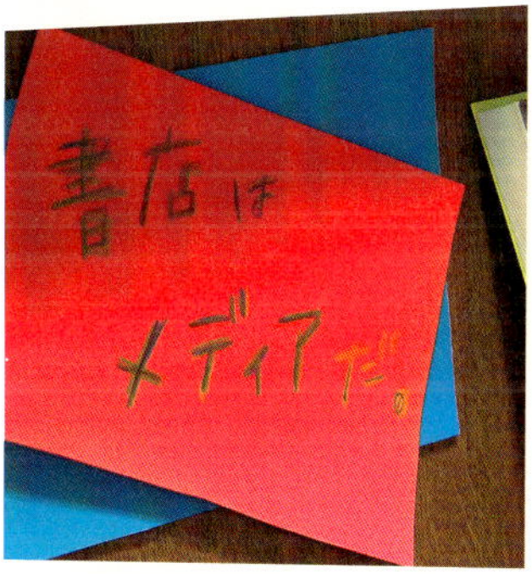
書店は
メディアだ。

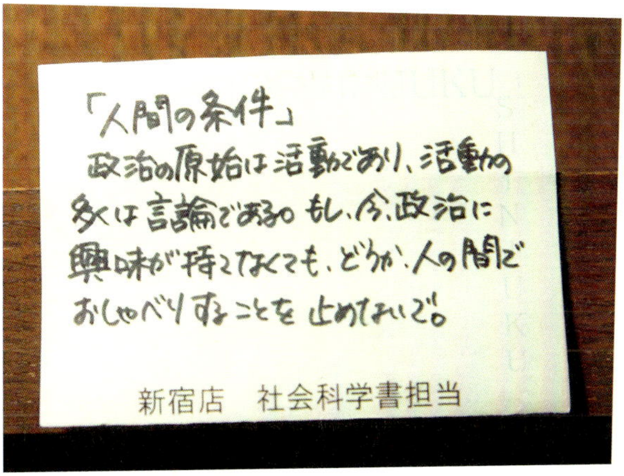
「人間の条件」
政治の原始は活動であり、活動の多くは言論である。もし、今、政治に興味が持てなくても、どうか、人の間でおしゃべりすることを止めないで。
新宿店　社会科学書担当

人間の条件（筑摩書房）
ハンナ アレント・著
志水 速雄・訳
定価1575円

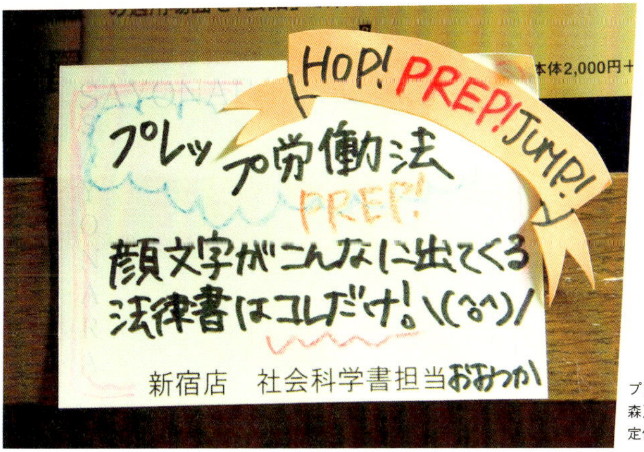
本体2,000円＋
HOP! PREP! JUMP!
プレップ労働法
PREP!
顔文字がこんなに出てくる法律書はコレだけ！
新宿店　社会科学書担当おおつか

プレップ労働法（弘文堂）
森戸 英幸・著
定価2100円

政治哲学への招待
―自由や平等のいったい何が
問題なのか?(風行社)
アダム・スウィフト・著
有賀 誠、武藤 功・訳
定価3150円

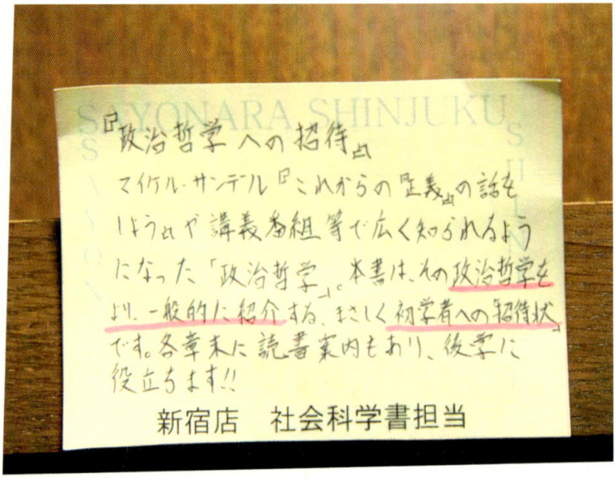

SAYONARA SHINJUKU
『政治哲学への招待』
マイケル・サンデル『これからの「正義」の話をしよう』や講義番組等で広く知られるようになった「政治哲学」。本書は、その政治哲学をより一般的に紹介する、まさしく「初学者への招待状」です。各章末に読書案内もあり、後学に役立ちます!!
新宿店　社会科学書担当

ずっとやりたかったことを、
やりなさい。(サンマーク出版)
ジュリア キャメロン・著
菅 靖彦・訳
定価1890円

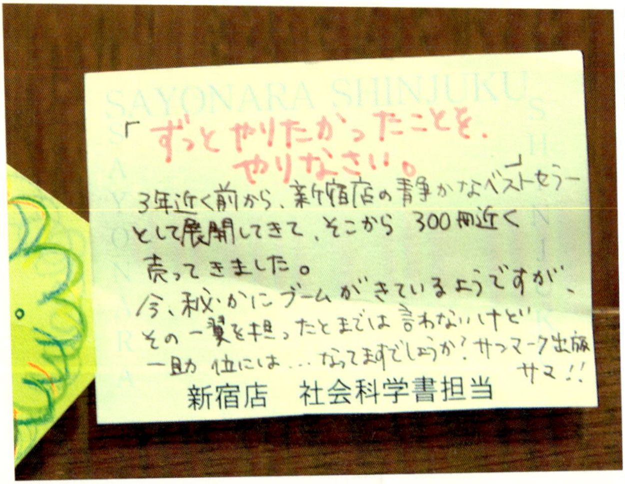

SAYONARA SHINJUKU
「ずっとやりたかったことを、やりなさい。」
3年近く前から、新宿店の静かなベストセラーとして展開してきて、そこから300冊近く売ってきました。
今、秘かにブームがきているようですが、その一翼を担ったとまでは言わないけど一助位には…なってますでしょうか? サンマーク出版サマ!!
新宿店　社会科学書担当

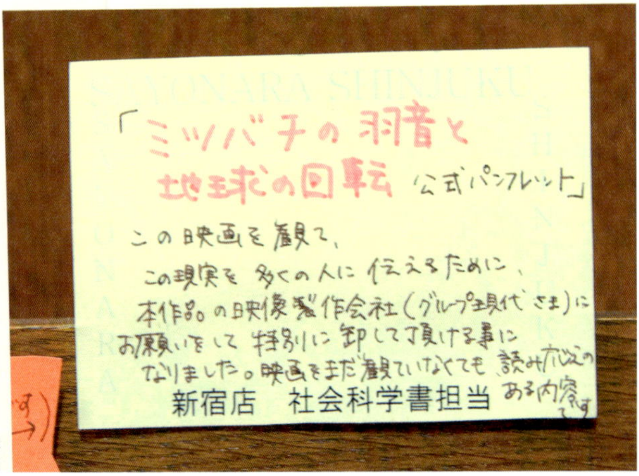

SAYONARA SHINJUKU
「ミツバチの羽音と地球の回転 公式パンフレット」
この映画を観て、この現実を多くの人に伝えるために、本作品の映像製作会社(グループ現代さま)にお願いをして特別に卸して頂ける事になりました。映画をまだ観ていなくても読み応えのある内容です
新宿店　社会科学書担当

ミツバチの羽音と地球の回転
(非売品)

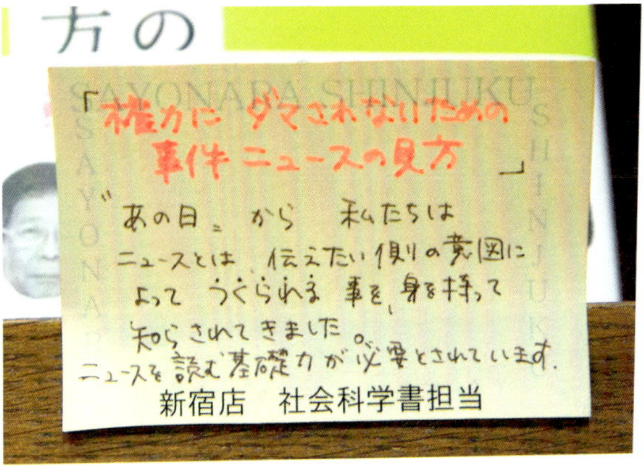
SAYONARA SHINJUKU
「権力に ダマされないための
事件ニュースの見方」
"あの日" から 私たちは
ニュースとは 伝えたい側の意図に
よって つくられる 事を、身を持って
知らされてきました。
ニュースを読む基礎力が必要とされています。
新宿店　社会科学書担当

権力にダマされないための
事件ニュースの見方（河出書房新社）
大谷 昭宏、藤井 誠二・著
定価1470円

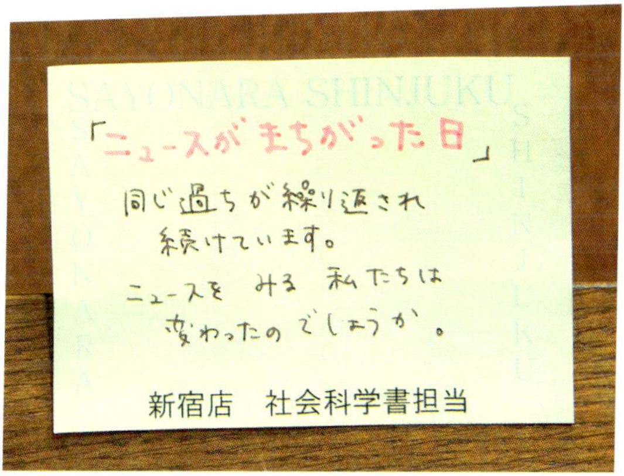
SAYONARA SHINJUKU
「ニュースがまちがった日」
同じ過ちが繰り返され
続けています。
ニュースをみる 私たちは
変わったのでしょうか。
新宿店　社会科学書担当

ニュースがまちがった日
―高校生が追った松本サリン事件報道、
そして十年（太郎次郎社エディタス）
林 直哉、松本美須々ヶ丘高校放送部・著
定価1890円

イツコのイスラーム入門
（第三書館）
平田 伊都子・著
定価1260円

時代を読む
経済学者の本棚（NTT出版）
根井 雅弘・著
定価2520円

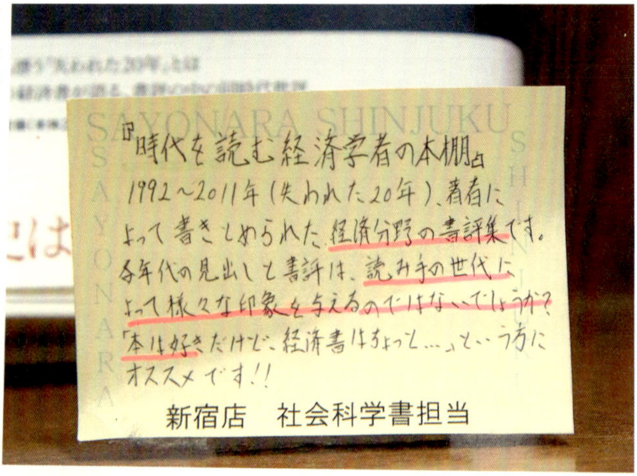
SAYONARA SHINJUKU
『時代を読む経済学者の本棚』
1992～2011年（失われた20年）、著者によって書きしめられた経済分野の書評集です。
各年代の見出しと書評は、読み手の世代によって様々な印象を与えるのではないでしょうか？
「本は好きだけど、経済書はちょっと…」という方にオススメです!!
新宿店　社会科学書担当

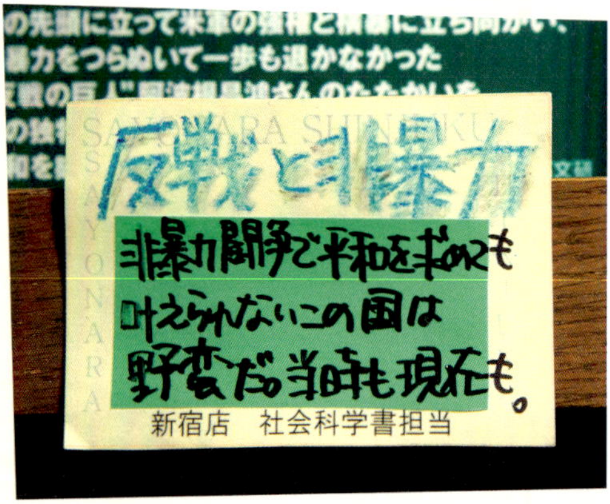
反戦と非暴力
非暴力闘争で平和を求めても
叶えられないこの国は
野蛮だ。当時も現在も。
新宿店　社会科学書担当

反戦と非暴力― 阿波根昌鴻の闘い（高文研）
亀井 淳・著
伊江島反戦平和資料館「ヌチドゥタカラの家」・写真
定価1365円

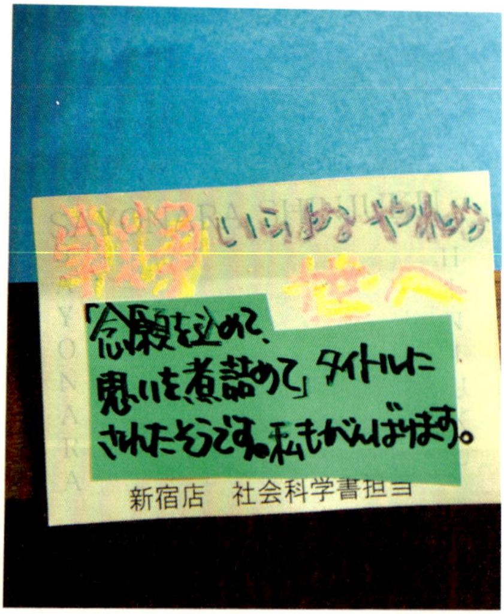

戦争いらぬやれぬ世へ
思いを煮詰めて」タイトルに
されたそうです。私もがんばります。
― むのたけじ語る（評論社）
むの たけじ・著
定価1890円

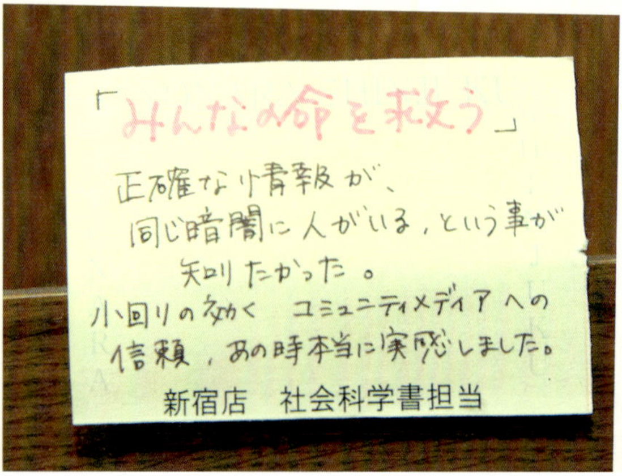
「みんなの命を救う」
正確な情報が、
同じ暗闇に人がいる、という事が
知りたかった。
小回りの効く コミュニティメディア への
信頼、あの時本当に実感しました。
新宿店　社会科学書担当

みんなの命を救う
―災害と情報アクセシビリティ
（NTT出版）
C&C振興財団、山田 肇・著 他
定価2520円

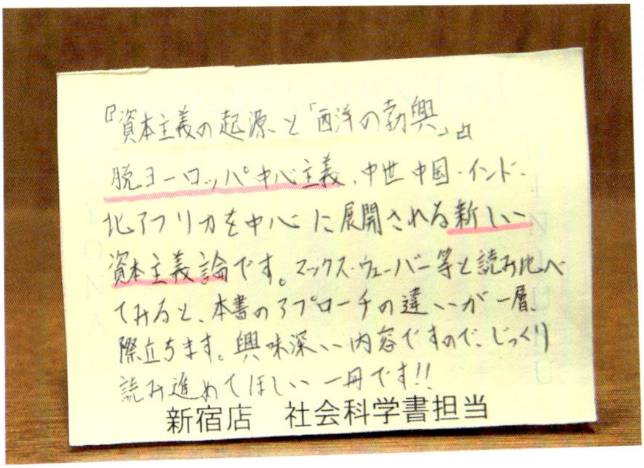
『資本主義の起源と「西洋の勃興」』
脱ヨーロッパ中心主義、中世中国・インド・
北アフリカを中心に展開される新しい
資本主義論です。マックス・ヴェーバー等と読み比べ
てみると、本書のアプローチの違いが一層
際立ちます。興味深い内容ですので、じっくり
読み進めてほしい一冊です!!
新宿店　社会科学書担当

資本主義の起源と「西洋の勃興」（藤原書店）
エリック・ミラン・著
山下 範久・訳
定価4830円

途上国の人々との話し方
―国際協力メタファシリテーションの手法
（みずのわ出版）
和田 信明、中田 豊一・著
定価3675円

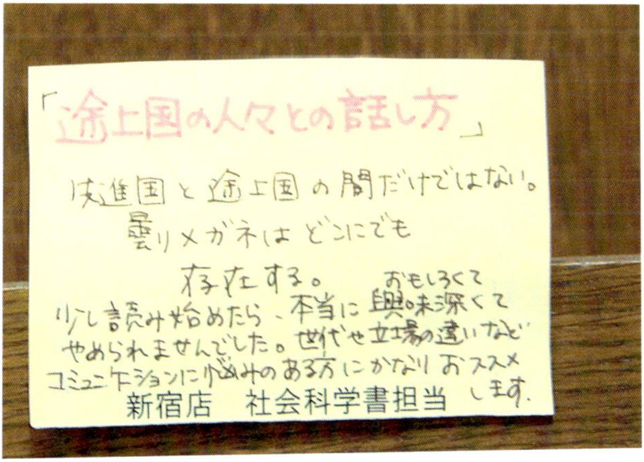
「途上国の人々との話し方」
先進国と途上国の間だけではない。
曇りメガネはどこにでも
存在する。
少し読み始めたら、本当におもしろくて興味深くて
やめられませんでした。世代や立場の違いなど
コミュニケーションに悩みのある方にかなりおススメします。
新宿店　社会科学書担当

中電さん、さようなら
―山口県祝島 原発とたたかう
島人の記録（創史社）
那須 圭子、福島 菊次郎・著
定価2730円

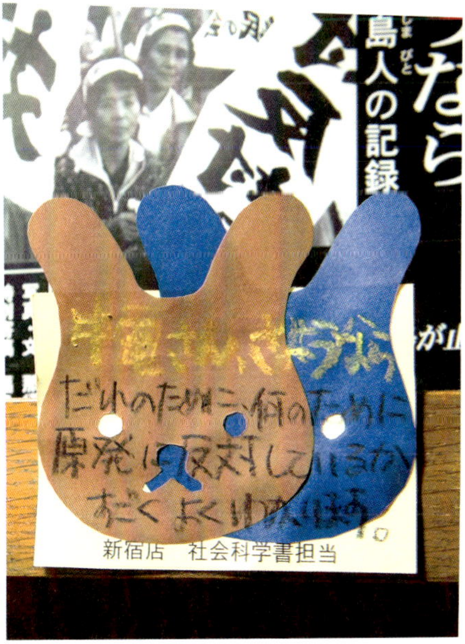
島人の記録
だれのために、何のために
原発に反対しているか
新宿店　社会科学書担当

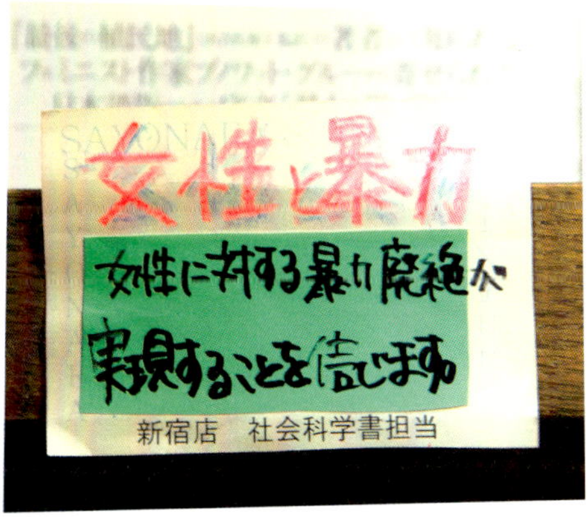
女性と暴力
女性に対する暴力廃絶が
実現することを信じます
新宿店　社会科学書担当

女性と暴力
―世界の女たちは告発する（未来社）
ミシェル デイラス・監
日仏女性資料センター翻訳グループ・訳
定価2520円

三里塚
成田闘争の記憶
三里塚
昔話とはちがいます。
成田空港はこの人たちを
踏みつけにして在るのです。
新宿店　社会科学書担当

三里塚─成田闘争の記憶（新泉社）
三留 理男・著
定価3675円

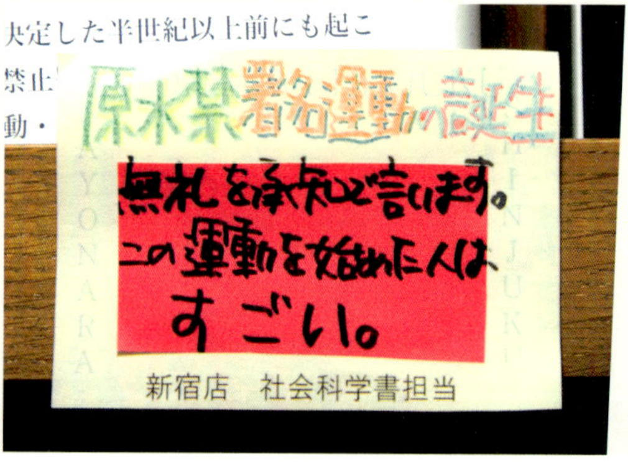
原水禁署名運動の誕生
無礼を承知で言います。
この運動を始めた人は
すごい。
新宿店　社会科学書担当

原水禁署名運動の誕生（凱風社）
丸浜 江里子・著
定価3675円

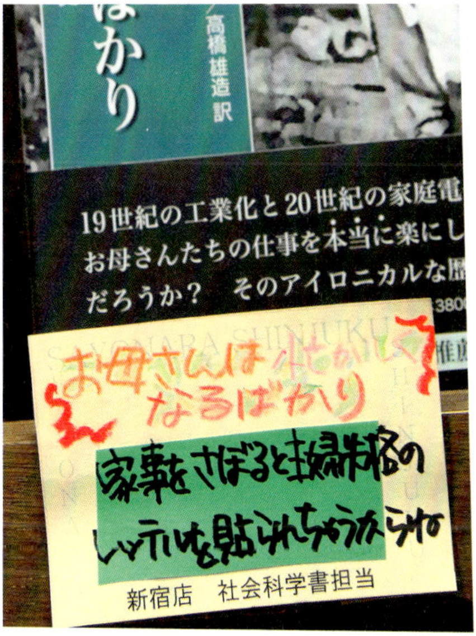

お母さんは忙しくなるばかり
―家事労働とテクノロジーの社会史
（法政大学出版局）
ルース・シュウォーツ コーワン・著
高橋 雄造・訳
定価3990円

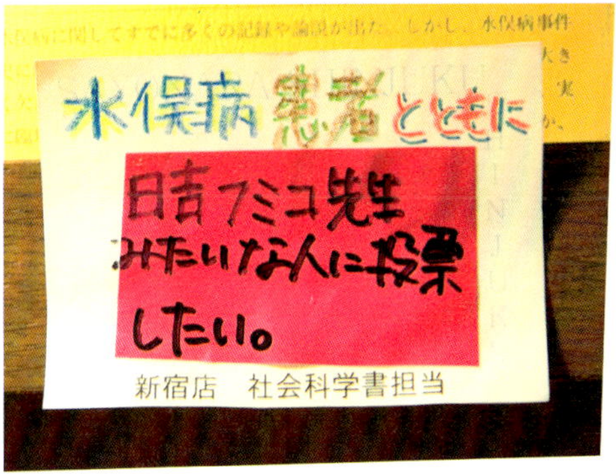

水俣病患者とともに
―日吉フミコ闘いの記録（草風館）
松本 勉、中原 孝矩、上村 好男・編
定価2625円

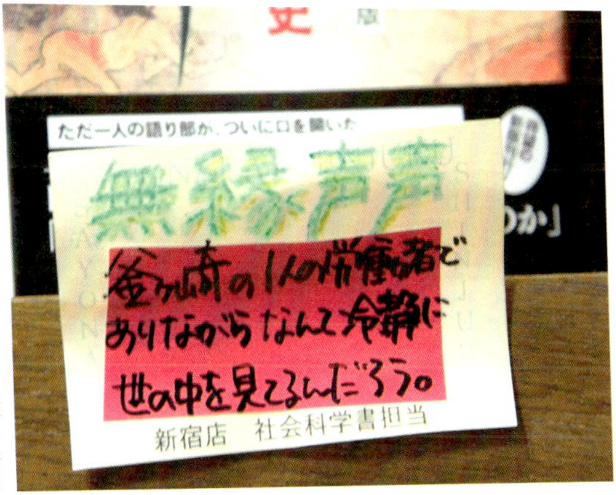

無縁声声 新版
―日本資本主義残酷史（藤原書店）
平井 正治・著
定価3150円

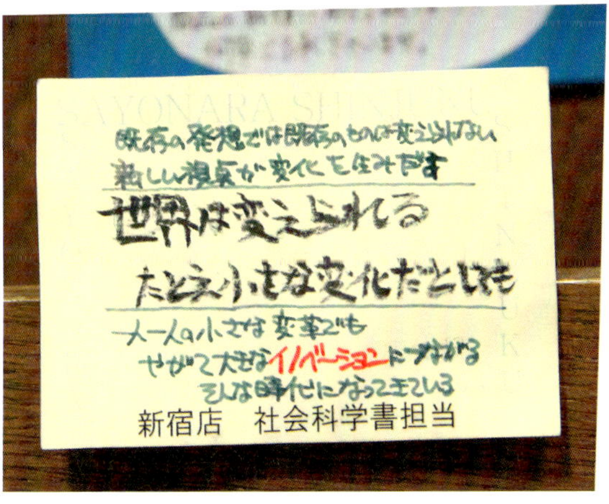

謎の会社、世界を変える。
～エニグモの挑戦（ミシマ社）
須田将啓、田中禎人・著
定価1680円

前へ！前へ！前へ！
―足立区の落ちこぼれが、
バングラデシュでおこした奇跡。（木楽舎）
税所篤快・著
定価1365円

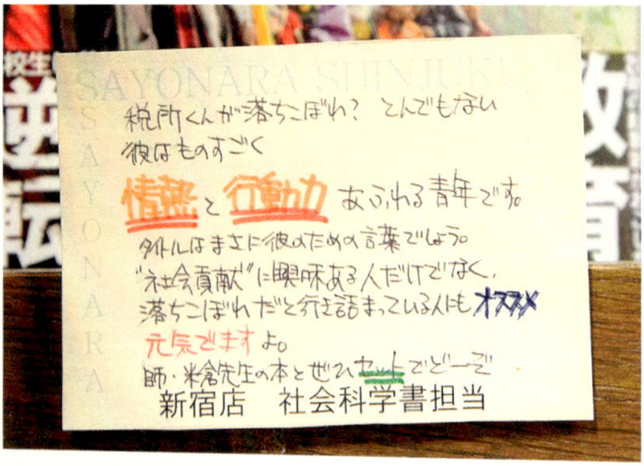
SAYONARA SHINJUKU
税所くんが落ちこぼれ？ とんでもない
彼はものすごく
情熱と行動力あふれる青年です。
タイトルはまさに彼のための言葉でしょう。
"社会貢献"に興味ある人だけでなく、
落ちこぼれだと行き詰まっている人にもオススメ
元気でますよ。
師・米倉先生の本とぜひセットでどーぞ
新宿店　社会科学書担当

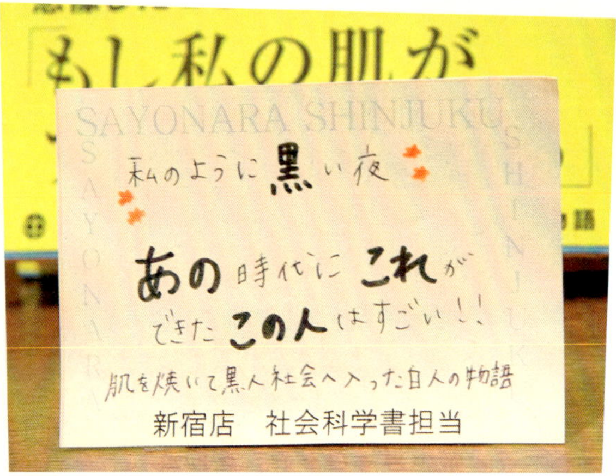
SAYONARA SHINJUKU
私のように黒い夜
あの時代にこれができたこの人はすごい！！
肌を焼いて黒人社会へ入った白人の物語
新宿店　社会科学書担当

私のように黒い夜
―肌を焼き塗り黒人社会へ
深く入った白人の物語
（ブルースインターアクションズ）
ジョン・ハワード グリフィン・著
平井 イサク・訳
定価2310円

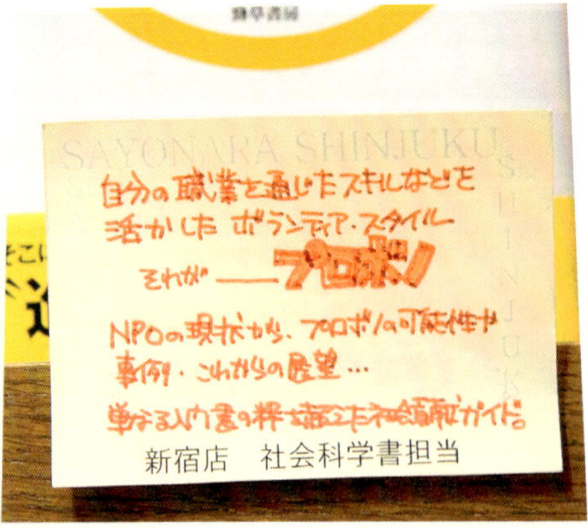
SAYONARA SHINJUKU
自分の職業を通じたスキルなどを
活かしたボランティア・スタイル
それが――プロボノ
NPOの現状から、プロボノの可能性や
事例・これからの展望…
単なる入門書の枠を超えた社会貢献ガイド。
新宿店　社会科学書担当

プロボノ
―新しい社会貢献新しい働き方（勁草書房）
嵯峨 生馬・著
定価1995円

社会貢献でメシを食う（ダイヤモンド社）
竹井　善昭・著
米倉 誠一郎・監
定価1680円

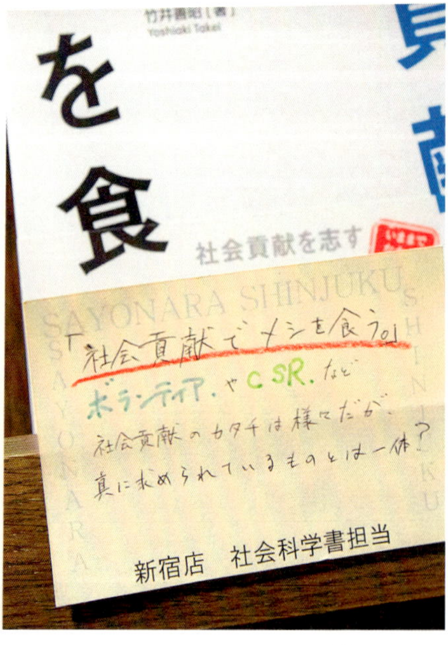
を
食
社会貢献を志す
SAYONARA SHINJUKU
「社会貢献でメシを食う。」
ボランティア、やC.S.R.など
社会貢献のカタチは様々だが、
真に求められているものとは一体？
新宿店　社会科学書担当

北の無人駅から
写真・並木博夫
大宅賞・講談社ノンフィクション賞
ダブル受賞作『こんな夜更けにバナナかよ』から8年半
北海道在住・気鋭のライターが、満を持して放つ渾身の1600枚!
単なる「ローカル線紀行」や「鉄道もの」ではなく
丹念な取材と深い省察から浮き彫りになる
北海道と、この国の「地方」が抱える困難な現実――。
新たな紀行ノンフィクションの地平を切り拓く意欲作!
「北の無人駅から」
〝とにかくこの8年、私は寝ても覚めてもこの本を完成させることだけを考え続けていた。この本1冊のために、一度もさわやかな朝食を口にしなかった。〟(P778)
苦しあれ、とは全く思いませんが、でもそれだけのエネルギーが注がれた書籍は触れれば違いが分かります。そういう本をきちんと売りたいのです。
新宿店　社会科学書担当

北の無人駅から（北海道新聞社）
渡辺一史・著
並木 博夫・写真
定価2625円

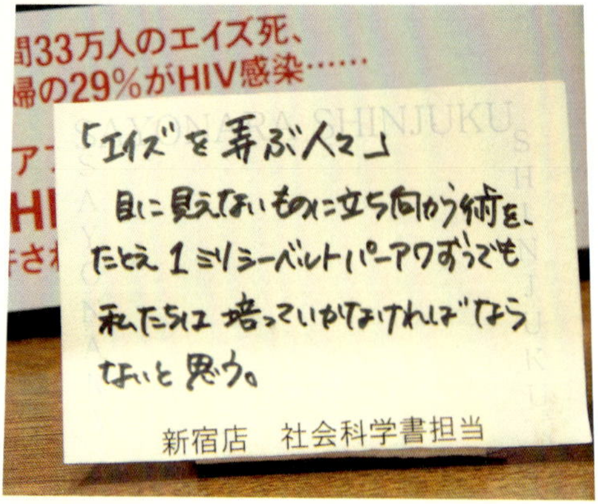
SAYONARA SHINJUKU
「エイズを弄ぶ人々」
目に見えないものに立ち向かう術を、たとえ1ミリシーベルトパーアワずつでも私たちは培っていかなければならないと思う。
新宿店　社会科学書担当

エイズを弄ぶ人々
疑似科学と陰謀説が招いた人類の悲劇（化学同人）
セス・C・カリッチマン・著
野中香方子・訳
定価2310円

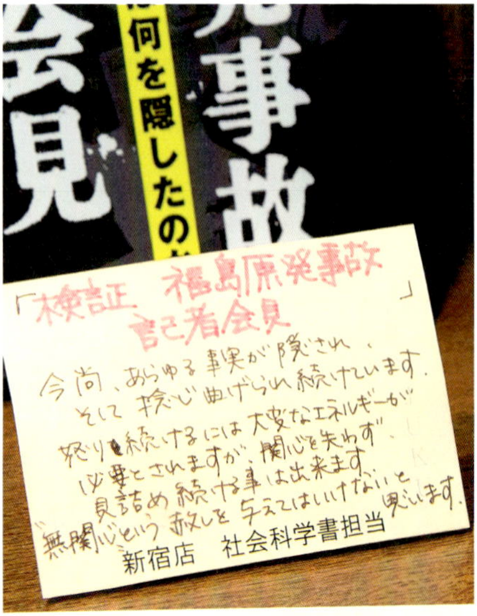
何を隠したのか
「検証 福島原発事故 記者会見」
今尚、あらゆる事実が隠され、そして捻じ曲げられ続けています。
怒りを続けるには大変なエネルギーが必要とされますが、関心を失わず、見詰め続ける事は出来ます。
「無関心」という赦しを与えてはいけないと思います。
新宿店　社会科学書担当

検証 福島原発事故・記者会見
—東電･政府は何を隠したのか(岩波書店)
日隅 一雄、木野 龍逸・著
定価1890円

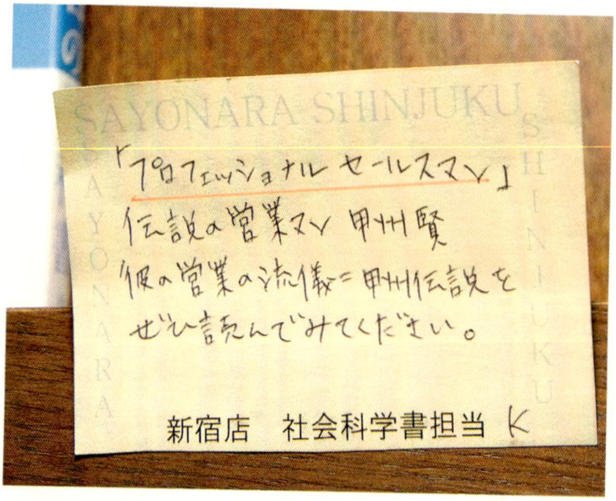
SAYONARA SHINJUKU
「プロフェッショナル セールスマン」
伝説の営業マン 甲州賢
彼の営業の流儀＝甲州伝説をぜひ読んでみてください。
新宿店　社会科学書担当 K

プロフェッショナルセールスマン
—「伝説の営業」と呼ばれた男の
壮絶顧客志向（プレジデント社）
神谷 竜太・著
定価1500円

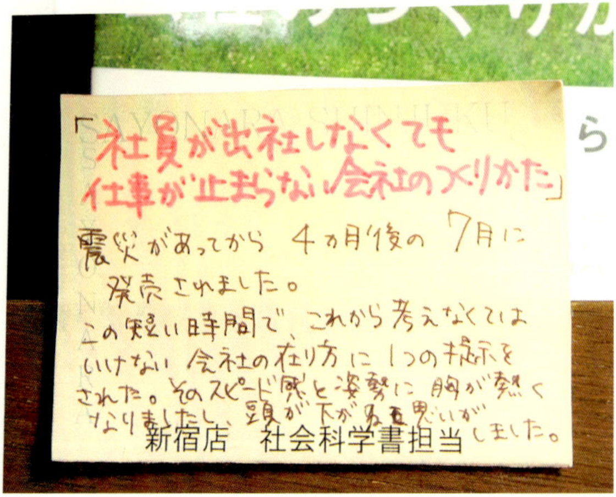
「社員が出社しなくても仕事が止まらない会社のつくりかた」
震災があってから 4カ月後の 7月に発売されました。
この短い時間で、これから考えなくてはいけない会社の在り方に1つの提示をされた。そのスピード感と姿勢に胸が熱くなりましたし、頭が下がる思いがしました。
新宿店　社会科学書担当

社員が出社しなくても仕事が止まらない
会社のつくりかた（中経出版）
大木 豊成・著
定価1365円

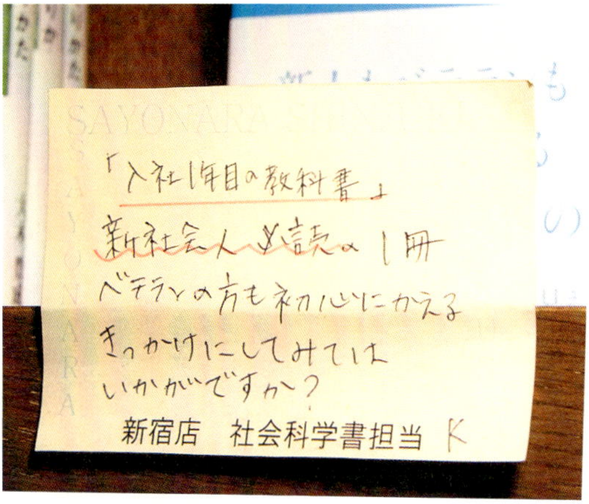
「入社1年目の教科書」
新社会人必読の1冊
ベテランの方も初心にかえる
きっかけにしてみては
いかがですか？
新宿店　社会科学書担当　K

入社1年目の教科書（ダイヤモンド社）
岩瀬 大輔・著
定価1500円

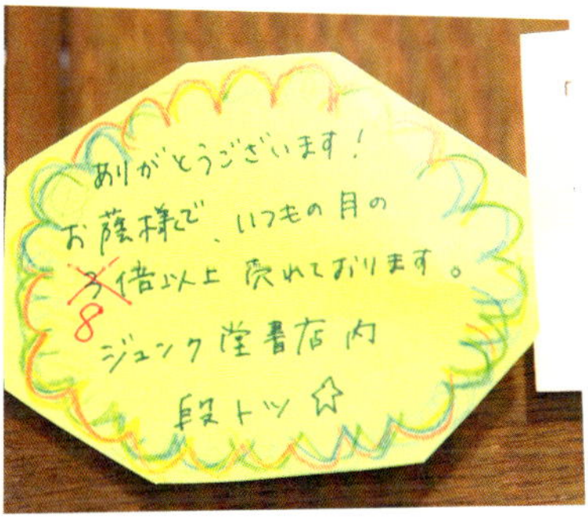
ありがとうございます！
お蔭様で、いつもの月の
8倍以上売れております。
ジュンク堂書店内
段トツ☆

ラテに感謝!
How Starbucks Saved My Life
— 転落エリートの私を救った世界最高の仕事
（ダイヤモンド社）
マイケル・ゲイツ・ギル・著
月沢 李歌子・訳
定価1680円

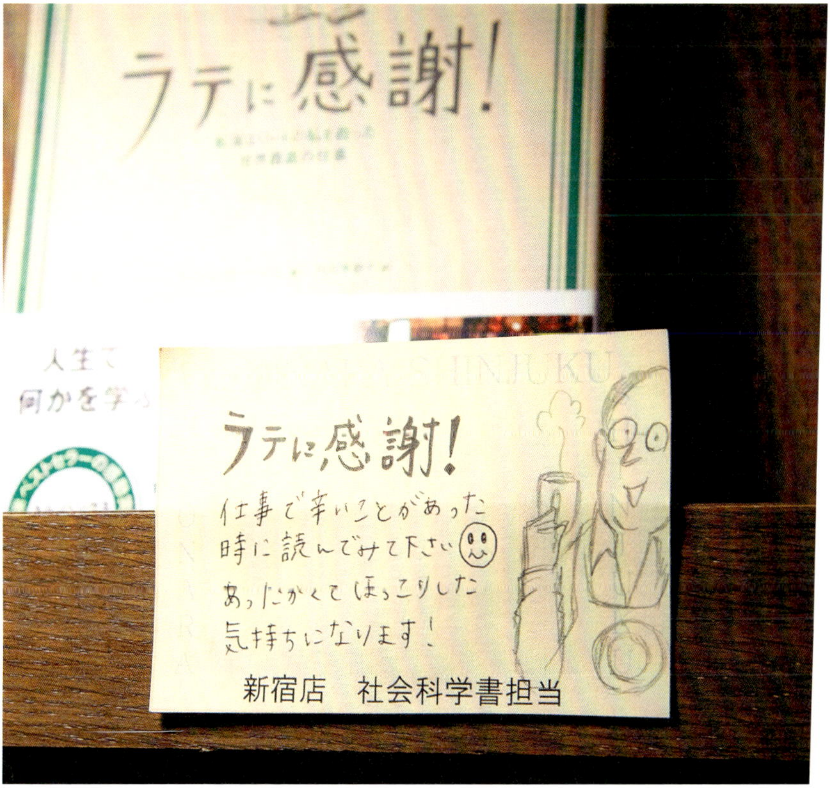
ラテに感謝!
ラテに感謝！
仕事で辛いことがあった
時に読んでみて下さい
あったかくてほっこりした
気持ちになります！
新宿店　社会科学書担当

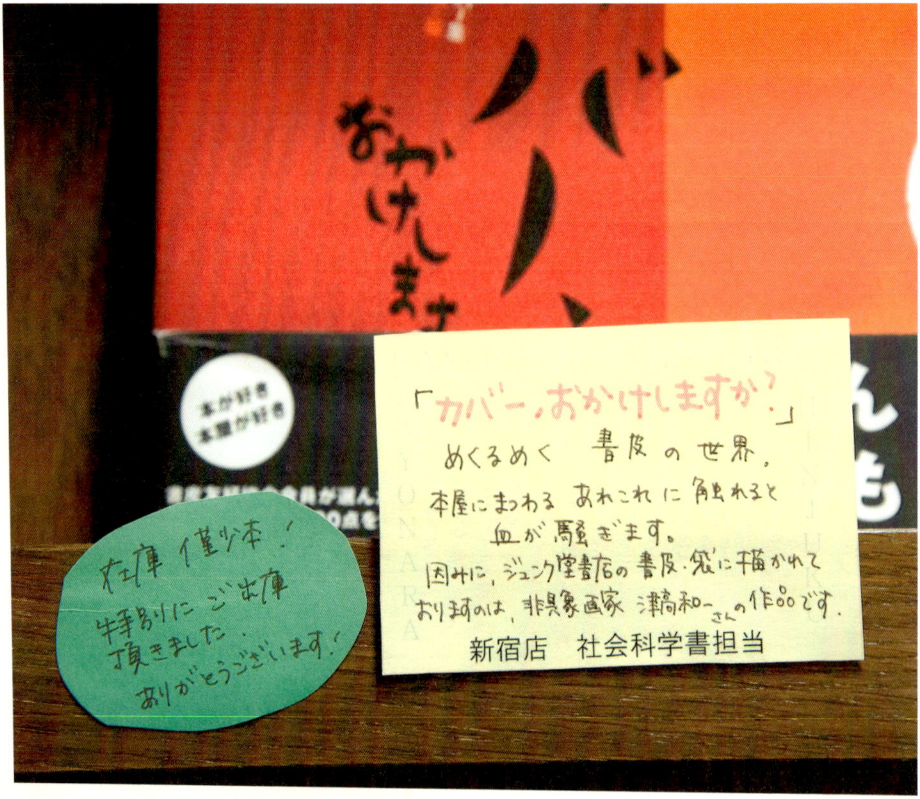
「カバー、おかけしますか?」
めくるめく 書皮の世界。
本屋にまつわるあれこれに触れると
血が騒ぎます。
因みに、ジュンク堂書店の書皮・袋に描かれて
おりますのは、非具象画家 津高和一さんの作品です。
新宿店　社会科学書担当
在庫僅少本!
特別にご出庫
頂きました。
ありがとうございます!
本が好き
本屋が好き

カバー、おかけしますか?
—本屋さんのブックカバー集（出版ニュース社）
出版ニュース社・編
定価2625円

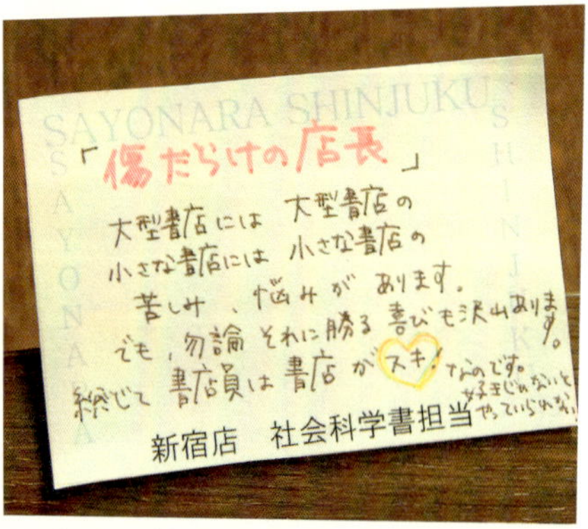
SAYONARA SHINJUKU
「傷だらけの店長」
大型書店には 大型書店の
小さな書店には 小さな書店の
苦しみ、悩みがあります。
でも、勿論それに勝る喜びも沢山あります。
総じて書店員は書店がスキ!なのです。
好きじゃないとやっていられない!
新宿店　社会科学書担当

傷だらけの店長
〜それでもやらねばならない〜
（PARCO出版）
伊達雅彦・著
定価1365円

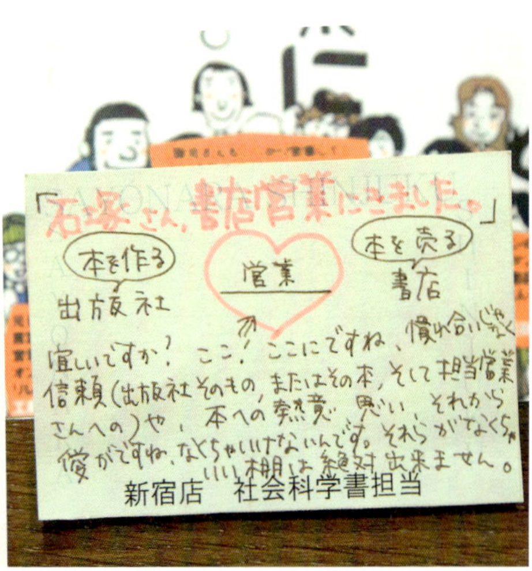
「石塚さん、書店営業にきました。」
本を作る
出版社
営業
本を売る
書店
宜しいですか? ここ! ここにですね、慣れ合いじゃなく
信頼（出版社そのもの、またはその本、そして担当営業
さんへの）や、本への熱意・思い、それから
愛がですね、なくちゃいけないんです。それらがなくちゃ
いい棚は絶対出来ません。
新宿店　社会科学書担当

石塚さん、書店営業にきました。
（ポット出版）
石塚 昭生・著
定価2100円

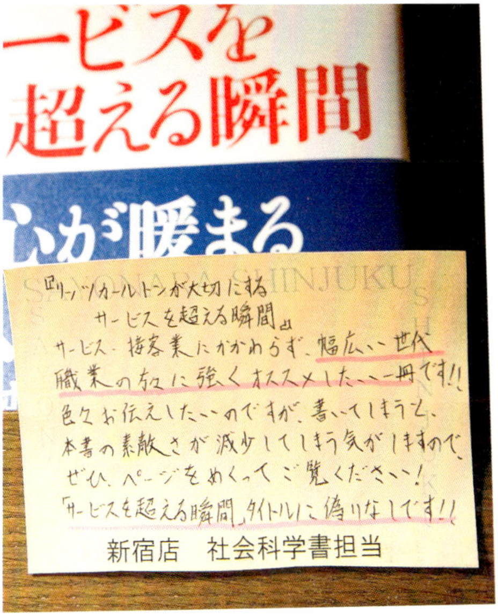
超える瞬間
『リッツ・カールトンが大切にする
サービスを超える瞬間』
サービス・接客業にかかわらず、幅広い世代
職業の方に強くオススメしたい一冊です!!
色々お伝えしたいのですが、書いてしまうと、
本書の素敵さが減少してしまう気がしますので
ぜひ、ページをめくってご覧ください!
「サービスを超える瞬間」タイトルに偽りなしです!!
新宿店　社会科学書担当

リッツ・カールトンが大切にする
サービスを超える瞬間（かんき出版）
高野 登・著
定価1575円

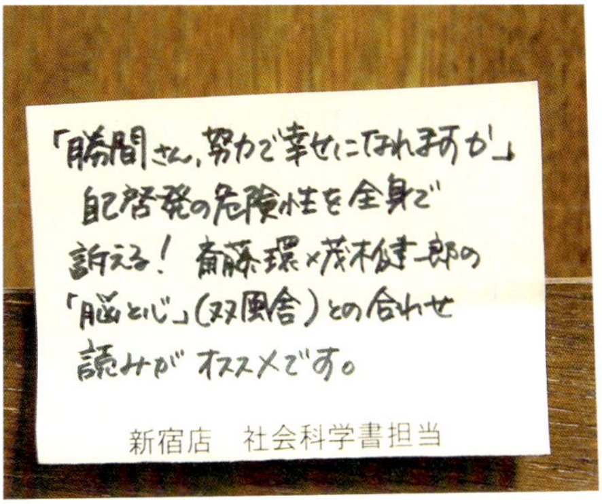
「勝間さん、努力で幸せになれますか」
自己啓発の危険性を全身で
訴える！ 斎藤環×茂木健一郎の
「脳と心」（双風舎）との合わせ
読みがオススメです。
新宿店　社会科学書担当

勝間さん、努力で幸せになれますか（朝日新聞出版）
勝間 和代、香山 リカ・著
定価1050円

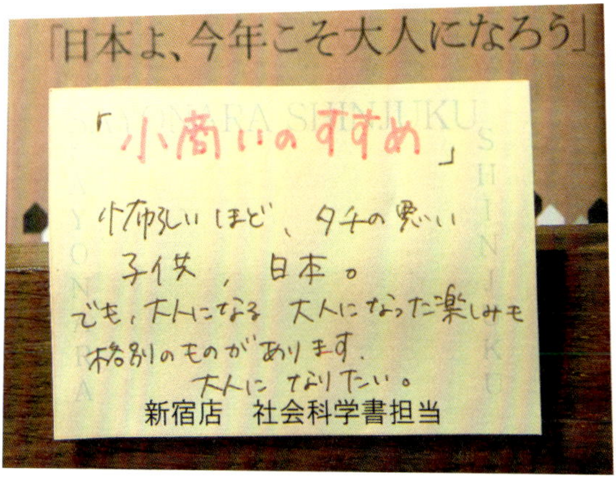
「日本よ、今年こそ大人になろう」
「小商いのすすめ」
憎らしいほど、タチの悪い
子供、日本。
でも、大人になる 大人になった楽しみも
格別のものがあります。
大人になりたい。
新宿店　社会科学書担当

小商いのすすめ
「経済成長」から「縮小均衡」の時代へ
（ミシマ社）
平川克美・著
定価1680円

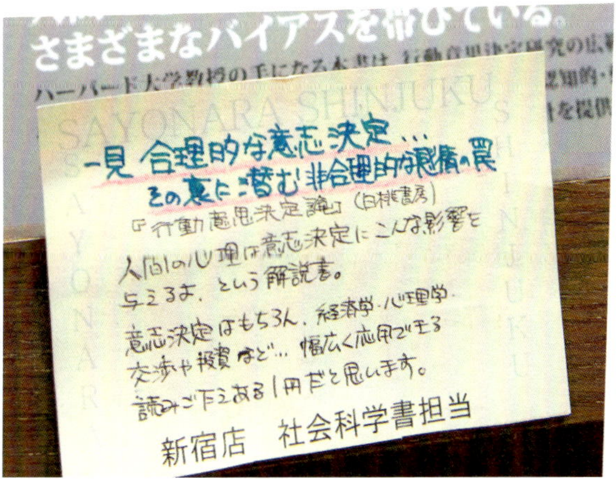
さまざまなバイアスを
一見 合理的な意志決定…
その裏に潜む非合理的な感情の罠
『行動意思決定論』（白桃書房）
人間の心理は意志決定にこんな影響を
与えるよ、という解説書。
意志決定はもちろん、経済学・心理学・
交渉や投資など…幅広く応用できる
読みごたえある1冊だと思います。
新宿店　社会科学書担当

行動意思決定論
―バイアスの罠（白桃書房）
マックス・H. ベイザーマン、
ドン・A. ムーア・著
長瀬 勝彦・訳
定価3990円

ぼくはお金を使わずに生きることにした
マーク・ボイル
吉田奈緒子 訳
紀伊國屋書店
「ぼくはお金を使わずに生きることにした」
見よ！この表紙!!!
装丁で心をキャッチ♡♡キャッチ♡
手に取ってもらわなければ始まりません。
(中味がしっかりしているのは大前提)
いかに装丁が大事かという好例ですね。
そして紀伊國屋書店出版部さんの翻訳モノ良書多いです！
新宿店　社会科学書担当

ぼくはお金を使わずに生きることにした
（紀伊國屋書店）
マーク ボイル・著
吉田 奈緒子・訳
定価1785円

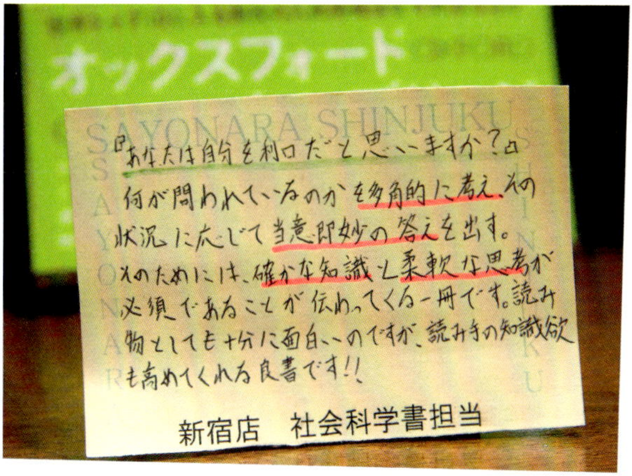
オックスフォード
SAYONARA SHINJUKU
『あなたは自分を利口だと思いますか？』
何が問われているのかを多角的に考え、その
状況に応じて当意即妙の答えを出す。
そのためには、確かな知識と柔軟な思考が
必須であることが伝わってくる一冊です。読み
物としても十分に面白いのですが、読み手の知識欲
も高めてくれる良書です!!
新宿店　社会科学書担当

オックスフォード大学・
ケンブリッジ大学の入試問題
あなたは自分を利口だと思いますか？
（河出書房新社）
ジョン ファーンドン・著
小田島 恒志、小田島 則子・訳
定価1680円

ダニエル・カーネマン心理と経済を語る
（楽工社）
ダニエル・カーネマン・著
山内あゆ子・訳
定価1995円

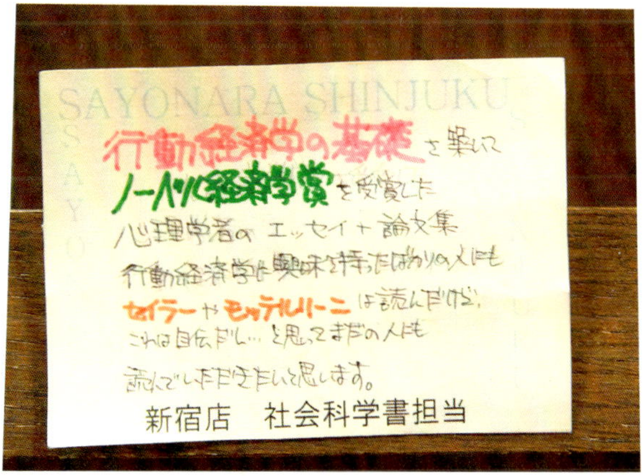
SAYONARA SHINJUKU
行動経済学の基礎を築いて
ノーベル経済学賞を受賞した
心理学者のエッセイ＋論文集
行動経済学に興味を持ったばかりの人にも
セイラーやモッテルリーニは読んだけど、
これは自伝だし…と思ってまだの人にも
読んでいただきたいと思います。
新宿店　社会科学書担当

「うつ」とよりそう仕事術
（ナナ・コーポレート・コミュニケーション）
酒井一太・著
定価1470円

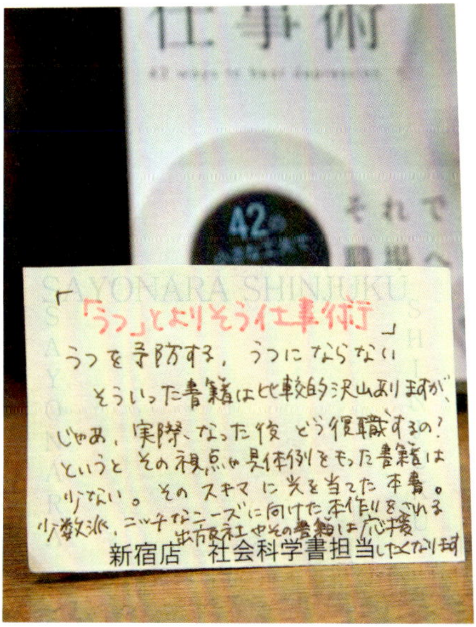
仕事術
それで
SAYONARA SHINJUKU
「「うつ」とよりそう仕事術」
うつを予防する、うつにならない
そういった書籍は比較的沢山ありますが、
じゃあ、実際なった後どう復職するの？
というと その視点や具体例をもった書籍は
少ない。そのスキマに光を当てた本書。
少数派、ニッチなニーズに向けた本作りをされる
出版社やその書籍は応援したくなります
新宿店　社会科学書担当

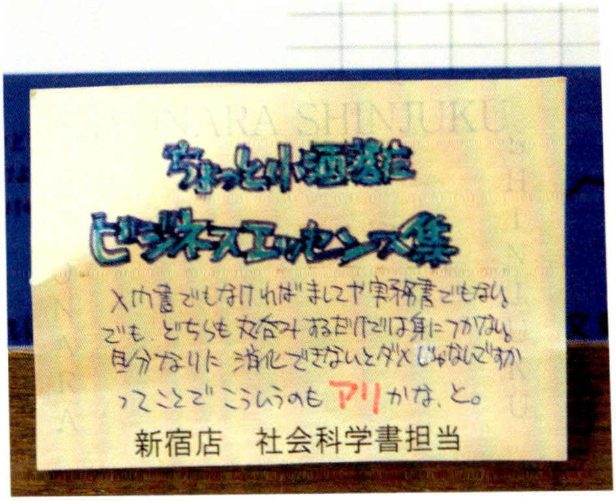
SAYONARA SHINJUKU
ちょっと小洒落た
ビジネスエッセンス集
入門書でもなければまして実務書でもない。
でも、どちらも丸呑みするだけでは身につかない。
自分なりに消化できないとダメじゃないですか
ってことでこういうのもアリかな、と。
新宿店　社会科学書担当

ビジネススクールで学ぶ
101のアイデア（フィルムアート社）
マイケル・W・プライス、
マシュー・フレデリック・著
美谷広海・訳
定価1890円

もし高校野球の女子マネージャーが
ドラッカーの『マネジメント』を読んだら
（ダイヤモンド社）
岩崎 夏海・著
定価1680円

SAYONARA SHINJUKU
もしドラ
まさかこんなベストセラーに
なるとは…
いろんな意味でこの7年間
で一番印象に残った本です。
新宿店　社会科学書担当

書いて生きていく プロ文章論
（ミシマ社）
上阪　徹・著
定価1680円

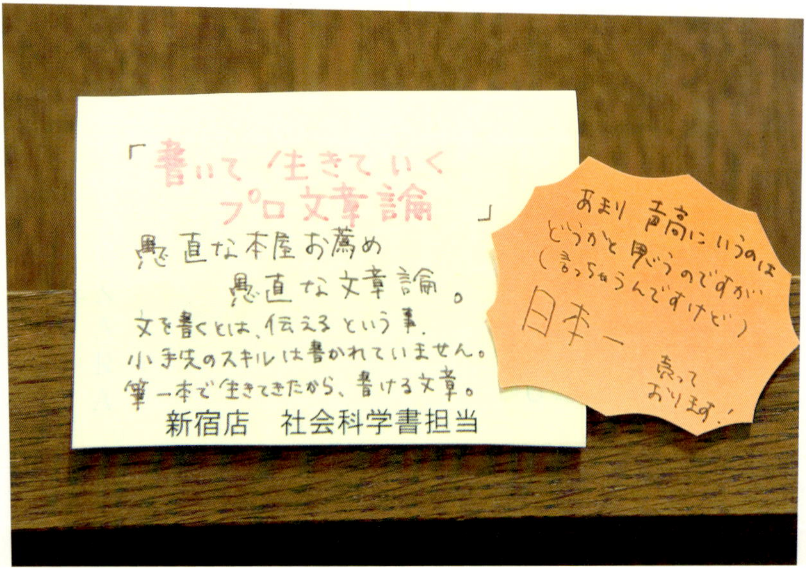
「書いて生きていく
プロ文章論」
愚直な本屋お薦め
愚直な文章論。
文を書くとは、伝えるという事。
小手先のスキルは書かれていません。
筆一本で生きてきたから、書ける文章。
新宿店　社会科学書担当
あまり声高にいうのは
どうかと思うのですが
（言っちゃうんですけど）
日本一
売っております！

他者の苦しみへの責任
語りつぐ田中正造
正造さんにお会いしたい。
新宿店　社会科学書担当

他者の苦しみへの責任—
ソーシャル・サファリングを知る（みすず書房）
A・クラインマン、J・クラインマン、
V・ダス、P・ファーマー、M・ロック、
E・V・ダニエル、T・アサド・著
池澤 夏樹・解説
坂川 雅子・訳
定価3570円

語りつぐ田中正造
— 先駆のエコロジスト（社会評論社）
田村 紀雄、志村 章子・編
定価2310円

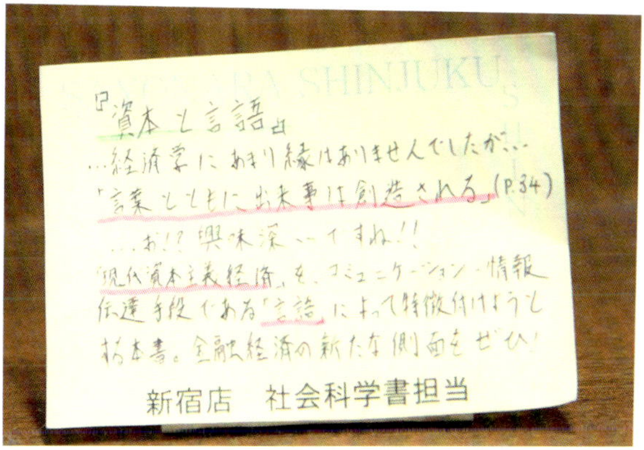
『資本と言語』
…経済学にあまり縁はありませんでしたが…
「言葉とともに出来事は創造される」(P.34)
…お!? 興味深いですね!!
「現代資本主義経済」を、コミュニケーション・情報伝達手段である「言語」によって特徴付けようとする本書。金融経済の新たな側面をぜひ!
新宿店　社会科学書担当

資本と言語（人文書院）
クリスティアン・マラッツィ・著
柱本元彦・訳
定価2625円

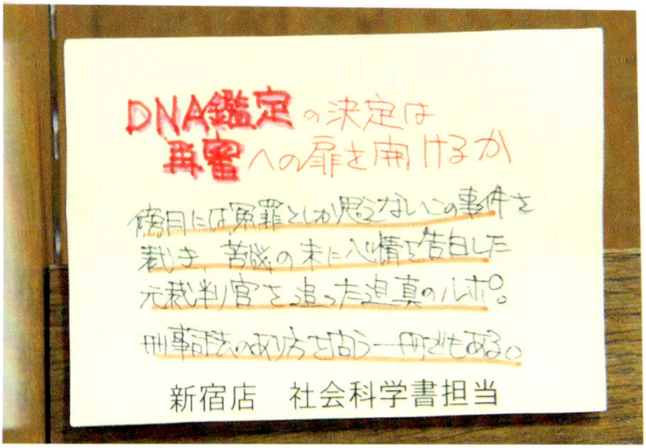
DNA鑑定の決定は再審への扉を開けるか
傍目には冤罪としか思えないこの事件を裁き、苦悩の末に心情を告白した元裁判官を追った迫真のルポ。
刑事司法のあり方を問う一冊でもある。
新宿店　社会科学書担当

美談の男
—冤罪袴田事件を裁いた
元主任裁判官・熊本典道の秘密
（鉄人社）
尾形 誠規・著
定価1470円

売り場担当より

20年目にして分かった手描きポップの大変さ

「社会科学担当者が本当に売りたかった本」というフェアでは、閉店時だからこそ、売れる売れないを度外視しても許されると、自分勝手に解釈し、非常にのびのびとした気持ちで本を選んだのだった。

　元々、本当に売りたい本は頑なまでに面出(めんだ)し（表紙が見えるように棚に置いている状態）で展開していて、他の担当者達も理解を示してくれてはいた。内心呆れていたかもしれないけれど。棚差し1冊で回転率のいい本と面出しを取り替えた方が売上が上がったかもしれない。それほど、売れない本をいくつか面出しにして誰にも外させなかった。今回のフェアではその中から『三里塚』と『無縁声声』と『お母さんは忙しくなるばかり』を選び、残りは、ここで選んでおかないとフェアなどで二度と日の目を見ることがないかもしれないけれど本当に売りたかった本を必死で考えた。

　無理を言って僅少本の最後の数冊を出庫して下さった出版社もある。3月後半、あまりにも売りきれて、フェア棚がスカスカになったので、別のフェアから移してきた本もある。

ポップには苦しめられた。これまでポップを軽んじてきたしっぺ返しかと思うほどだ。このフェアの決まり事として「全て選んだ当人が手書きポップをつくる」というのがあったのだが、欲張って8点も選んで少しだけしまったと思った。本当に売りたいという思いと、書籍の内容をわかりやすく簡潔にまとめる難しさを初めて知った。本屋で働いて20年目にしてである。クレヨンや色ペンで下書きをしているところは遊んでいるようにしか見えなかっただろう。あんなに苦しかったのに。蛇足ながら、自分で一番気に入ってるのは『お母さんは忙しくなるばかり』のポップだ。

あれは閉店時だからこそ起きたお祭りのような現象だと思う。今から思うと自分も日常のテンションではなかった。ネットで閉店やフェアのことが話題になって盛り上がった時は、驚き、有難く思い、嬉しかった。かつてなかった勢いでフェア棚から売れていくのだ。

今、改めて自分の無力さを実感している。これまで、動きがよくなくても意地になって面出しを外さなかった本が、あのフェアでは短期間で売り切れた。本来、棚に1冊差しして地道に売るべきものは自分の拘りだけで売ろうとしてもどうにもならない。今はもう少し、冷静になって、担当ジャンルの棚と向き合っているつもりだ。

社会科学担当　伊藤美保子

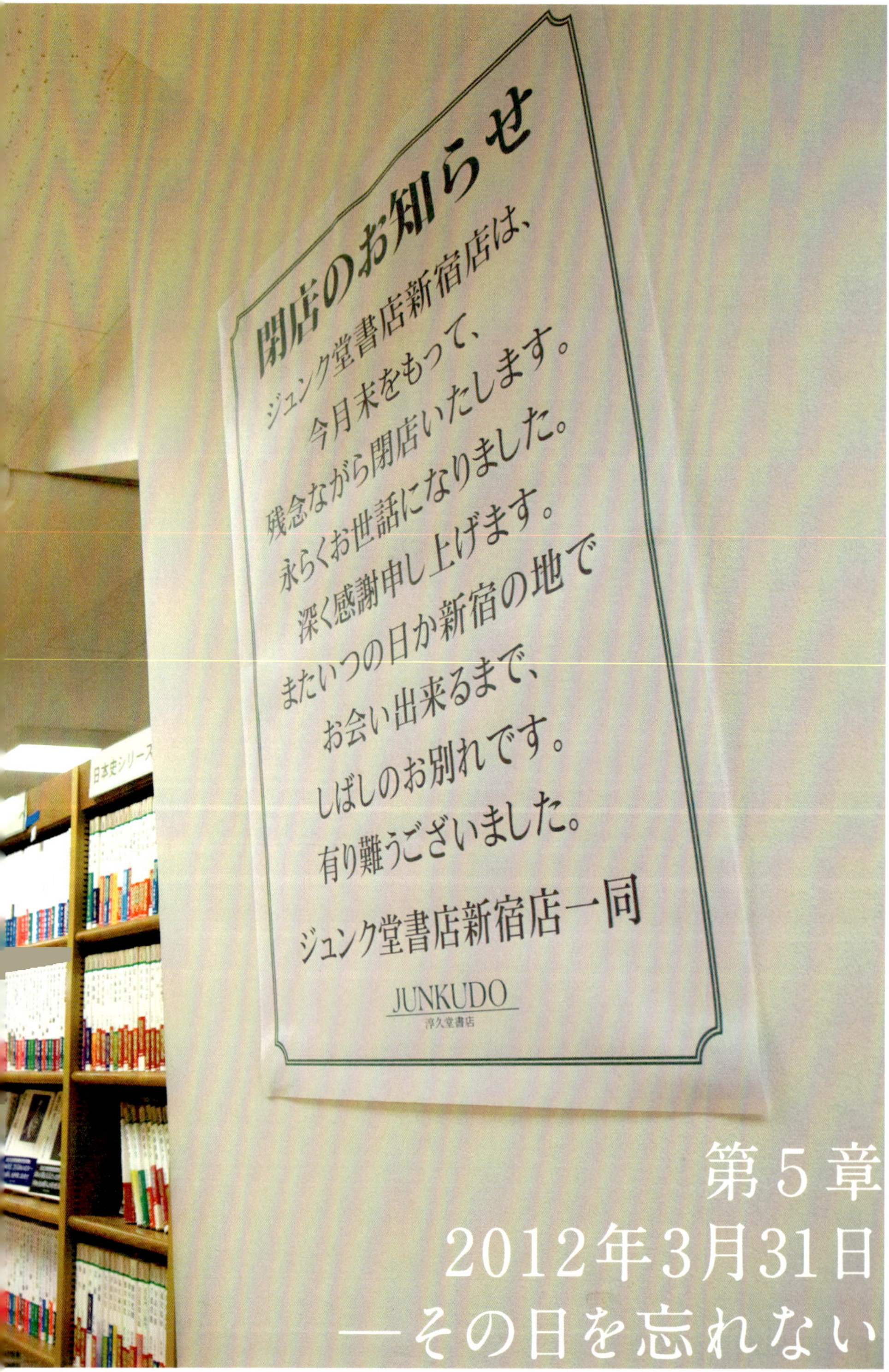
閉店のお知らせ
ジュンク堂書店新宿店は、
今月末をもって、
残念ながら閉店いたします。
永らくお世話になりました。
深く感謝申し上げます。
またいつの日か新宿の地で
お会い出来るまで、
しばしのお別れです。
有り難うございました。
ジュンク堂書店新宿店一同
JUNKUDO
淳久堂書店
日本史シリーズ

第5章
2012年3月31日
―その日を忘れない

¥お会計
フェア

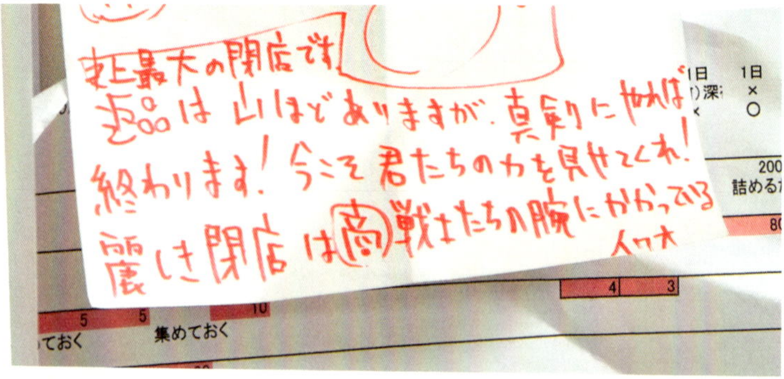
史上最大の閉店です
在庫は山ほどありますが、真剣にやれば終わります！今こそ君たちの力を見せてくれ！
麗しき閉店は商戦士たちの腕にかかってる
イワオ
集めておく

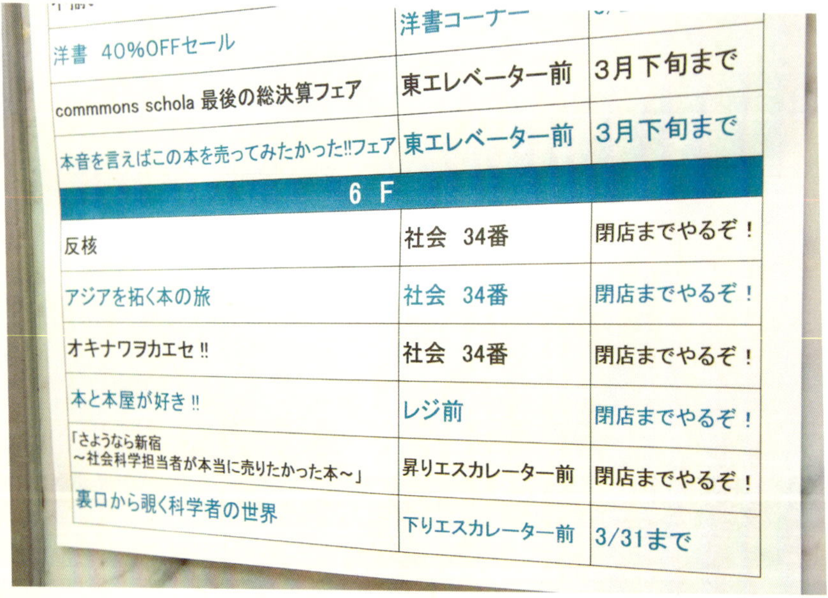
洋書 40%OFFセール
洋書コーナー
commmons schola 最後の総決算フェア
東エレベーター前
3月下旬まで
本音を言えばこの本を売ってみたかった!!フェア
東エレベーター前
3月下旬まで
6 F
反核
社会 34番
閉店までやるぞ！
アジアを拓く本の旅
社会 34番
閉店までやるぞ！
オキナワヲカエセ !!
社会 34番
閉店までやるぞ！
本と本屋が好き !!
レジ前
閉店までやるぞ！
「さようなら新宿
～社会科学担当者が本当に売りたかった本～」
昇りエスカレーター前
閉店までやるぞ！
裏口から覗く科学者の世界
下りエスカレーター前
3/31まで

閉店までやるぞ！

赤裸々に告白します
私たち、本にはいつも片想い

趣味
コミック
JK
趣味

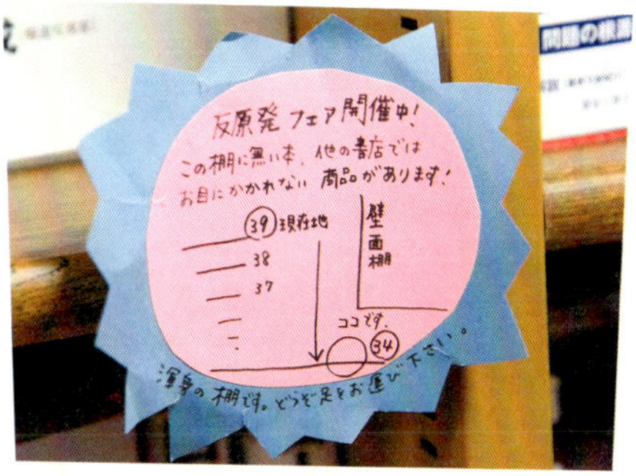
反原発フェア開催中！
この棚に無い本、他の書店では
お目にかかれない商品があります！
39 現在地
38
37
壁面棚
ココです。
34
渾身の棚です。どうぞ足をお運び下さい。

社会フェア
反核
東京電力 帝国の暗黒
東電の悲惨事
下北核半島
原発の闇

最後に売りたかった僅少本たち。

在庫がほとんどなくなった
最終日の棚

普段は日の目を見ない本たちが
主役でいられた1ヵ月。

閉店10分前。
8階には長蛇の列が。

新宿店を愛していただいた
すべてのお客様に“ありがとう”

調整中
QUO BOOK CARD

ご案内
6・7・8階、まとめてご精算
いただけます。
調整中
QUO BOOK CARD

閉店のお知らせ
ジュンク堂書店新宿店は、
今月末をもって、
残念ながら閉店いたします。
永らくお世話になりました。
深く感謝申し上げます。
またいつの日か新宿の地で
お会い出来るまで、
しばしのお別れです。
有り難うございました。
ジュンク堂書店新宿店一同
JUNKUDO

2012年3月31日午後9時30分。

お疲れ様
――安堵と寂しさと。

すべてのお客様にありがとう

元新宿店スタッフ座談会

本書の出版に先立ちましてニコニコ動画「ニコニコ生放送」で行われました『ジュンク堂書店から生放送「書店員の本気」―回想ジュンク堂新宿店閉店座談会―』より、内容を抜粋してご紹介いたします。

【元ジュンク堂書店新宿店スタッフ】
伊藤美保子（池袋本店、社会科学担当）
勝間準（渋谷店、文芸担当）
兼森理恵（丸善丸の内本店、児童書担当）
松岡千恵（池袋本店、芸術担当）
山本寿子（池袋本店、実用書担当）
橋本博人（現・出版社勤務）

【インタビュアー】
佐々木敦（批評家。音楽レーベルHEADZ主宰。雑誌『エクス・ポ』編集発行人）

佐々木敦（以下「佐」）：本日は、3月31日に惜しまれつつ閉店した「ジュンク堂新宿店」の元スタッフの皆さんに、新宿店の思い出や、閉店前に行われた「書店員の本気フェア」のお話をお聞かせいただければと思います。そもそも、フェアを開催することになったいきさつは？

勝間（以下「勝」）：毎年、「どうしてもお客様におすすめしたい本」というテーマで従業員全員にアンケートをとっていたのですが、閉店が決まったので、「ありがとうの1冊」というテーマにしてアンケートをとったら、ものすごく気合いが入ったコメントがたくさん出てきまして、それを基にフェアを展開しました。最初は「さよならの1冊」というテーマにしようかと悩んだのですが、「さよなら」という言葉は使いたくないとの思いもあるということで、「ありがとう」という言葉になりました。

佐：フェアでは「本音を言えば、この本を売りたかった」というフレーズが使われていましたが、これは最後だから使えたフレーズではないかと。このフレーズについては、何か言われませんでした？

松岡（以下「松」）：出版社が薦めている通常の本のフェアをやることも多いので、そこをディスってる（軽蔑している）んじゃないかという話をされたこともあるんですけど、そういうことではないんです。ジュンク堂は膨大な点数の書籍を扱っていて、知られていないような本に触れられる利点があるので、フェアにはならないけど「この本は、本当に良いです」っていう意味合いで展開しました。

閉店が決まってから

佐：最後のフェアということで、本を選ぶ時もPOPを書く時も気合いが入ったという感じでした？

兼森（以下「兼」）：今まで、売りたい本を売らせてきてもらったので、その集大成という感じですね。

勝：お客様の中には、〝最後の記念〟ということで、「POPごとください」という方もいらっしゃって、それがすごく嬉しかったです。お渡しして、もう1枚書きました。

松：芸術書は3人のスタッフがいるので、本は手分けをして選んだのですが、閉店作業に追われているうちに、POPを書く時間があまりなかったので、かえってPOPの文章の端々に本音が出ちゃいました（笑）。

兼：私は、家で書いてました。最後に書いたPOPは、後で作家さんに送ろうと思っていたので、汚くなったらいけないと思って消せるボールペンで書いたんです。「できたー！」と思ってラミネートで加工したら、熱で全部消えてしまいました（笑）。自分でも「どうして気づかなかったんだろう」って思って……。20枚ぐらいがダメになったので、またイチから書きました。

画像提供：ドワンゴ　ニコニコ事業本部

兼：「ジュンク堂新宿店の児童書コーナーを盛り上げてくれた作家たち」というタイトルで、特にお店と関わってくださった58人の作家さんに、ラブレターを書くような気持ちで書きました。お客様にとっては、「どういう内容だろう？」と思うものもあったかもしれませんが、敢えて、「私達がどういう気持ちで売り場を作ってきたのか」という想いが伝わるような内容のものを書きましたね。

佐：確かに、新宿店はとりわけ、作家さんとの関係が密接だというイメージがありましたね。直筆のPOPや色紙も多かったですし。

兼：棚を作る時も、場合によっては作家さんにタイトルをつけてもらったり、色紙の数も多かったですね。子ども達も大人もそうでしょうけど、本を書いたご本人が脚を運んでるんだっていう〝足跡〟が分かると嬉しいと思うので、どこかで作家さんとお客様をつなぐ役割ができたらいいなと思っています。

佐：他に、新宿店の良いところは？

伊藤：もともと自由な雰囲気がありまして、閉店が近づくにつれて、さらに拍車がかかってました。でも、それは池袋本店があったからこそだと思います。本店はちゃんと売ることを重視しないといけないのですが、本店に移動したことで、自己満足的な部分があったことが、客観的にわかりましたね。

佐：池袋本店にも新宿店のＤＮＡが何人も行ってらっしゃるので、受け継いでほしいですね〜。

橋本（以下「橋」）：あと、新宿店はとりわけチームワークが良かったですね。毎日たくさんの新刊が入ってきて、仲間と「この本、いいよね〜」という、ちょっとした会話が楽しくて、僕はそれをすごく楽しみにしてました。そういった楽しさを、フェアとして形にできないかと思いました。

お客さんの反応

佐：閉店する時は、フェードアウトするというよりも、ガーンと盛り上がって閉店するほうが店員さんにとっても、お客さんにとっても良いと思うのですが、最後の１か月はネットで「ジュンク堂の新宿店が、面白いことになってるらしい」という噂が飛び交うほど盛り上がっていましたね。

兼：３月の上旬ぐらいにネットで話題になって、その週末ぐらいから、明らかにフェアを目当てに来てくださるお客様が増えましたね。こんなことだったら、もっと早くやればよかったなと（笑）。

佐：本は追加しました？

勝：補充はしていましたけど、あんなに棚がスカスカになるとは思いませんでしたね。

松：本社からは、できるだけ売り残しがないようにという指示はあったんですけど、取次（とりつぎ）の方からは「切れても絶対に持ってくる」とおっしゃってくれて……。

佐：それを言われたら、もう何が何でも売ってみせるぞっていう思いになりますもんね。

山本（以下「山」）：３月になってからは特に、話しかけてくれるお客様が増えましたね。東京のお客様は関西のお客様と比べると、話しかけるお客様が少なかったんですけど、閉店が近づくにつれて増えました。

兼：私は小学４年生のお子さんからメルアドをもらいました。本の趣味が合ってたみたいです（笑）。「吉祥寺店に来てください」って言われたけど、約束が守れなくて。結局、その子には会えなかったけど、お父さんが遊びに来てくださいました。

橋：確かに、声をかけてくれる人は増えましたね。「書店はお客様とのコミュニケーションがあるからいいな〜」と、改めて思いました。

佐：それは、書店員さんの強みですね。ネットで本を買うっていう人も多いでしょうけど、本屋さんに行くと良いのは、アクシデントとして見つけちゃう本があるっていうことですね。ネットだと機能が充実すればするほど、その機会があまりない。書店員さんはそういった出会いを、棚の作り方で紹介していけるという楽しみがありますね。

最後の日

佐：3月31日はどんな心境でした？

山：正直に言うと、私はそれまで閉店に向けての処理事務で、ずーっと忙しかったので、感傷に浸る雰囲気ではなくて、その日もバタバタしているうちに時間が過ぎていきました。本当に今日が最後なのかなという感じでしたが、8時を過ぎたあたりから、レジの前にかつてないほどの長い行列ができていて、それを見た瞬間に胸が熱くなりました。でも、お客様がたくさんいらっしゃるので、一生懸命に業務をするのが精一杯でしたね。

橋：僕は書店員としての仕事を辞める最後の日でもあったので、この光景を記憶に留めておこうと思いました。やっぱり、最後の1時間は「ありがとうございます」って言えなくなるぐらい、こみ上げてくるものがありましたね。

勝：閉店日のことではないのですが、一つ、心残りがありまして。閉店する前ぐらいに仲良くなったお客様がいて、「どのミステリーがいい？」って聞かれて「この本とこの本がいいです」って薦めたら買ってくださったんです。しかも「面白かったよ」って感想を言ってくれ、それがすごく嬉しくて。でも、閉店日前になると深夜の作業に切り替わってしまって、それ以来、お会いする機会がなくなってしまいました。他の店員さんに「なんで、あの店員、いないの？」っておっしゃっていたらしくて……。今後はぜひ、渋谷店の方に来ていただければと（笑）。

あとがきにかえて

新宿店が閉店する、ということを告知させていただいたのは、3月31日閉店の約2か月前でした。当店が入っていた三越アルコットが同日に閉店することは、早くから告知されていましたので、数か月前からお客様のお問い合わせがしばしばありました。是非営業を続けてほしい、という声が圧倒的でした。当店がお客様に高い評価をいただいている、ということを実感として感じたものです。「おたくが無くなったら困る」というお声は、ジュンク堂に対する強いご期待であるとともに、書店という存在が、まだまだ多くの方に必要とされているのだと、改めて実感されたのです。「本屋の空気が好き」「本に囲まれているだけで幸せな気分になる」というお声をたくさん聞きました。

それほどに親しんでいただいた店舗を、わずか7年半で閉じなければならないことは、お客様にとって迷惑極まりないことであり、本当に申し訳ない気持ちでいっぱいです。書店が商売できるのは、何といってもご来店いただくお客様あってのことです。新宿店においても、オープン2年半後に増床してから、お客さまの認知が格段に広がりました。折角地域に根付くことができた、と思っていたのに、閉店という事態になることは、歯噛みするほどのくやしさでした。

閉店月の3月、新宿店の各担当者は誰ともなく、最後のフェアを打ち上げました。統一性もなにもなく、お客様への感謝の気持ちと、最後の好き勝手という感覚でした。それが大変な話題を呼び、最後の数週間、店舗はじまって以来という位のにぎわいとなりました。このフェアのことをネットでご紹介いただいた方の、本当にわくわくさせるような文章が、とてつもない宣伝となったのです。私自身の経験でも感じるのですが、店舗側のお金をかけた宣伝よりも、お客様の声、いわゆる口コミの効果が店の繁栄に大きな影響を与えるものです。

今回の新宿店の閉店に際しては、リアル書店としての店舗の役割が、まだまだあるのだ、ということを肌身で感じることができました。それを実感することのできた閉店時の評判が、ネットでの読者の方々のお声であったことに、今の時代というものを強く感じさせられました。リアル書店の脅威として考えられているネットという存在が、このような追い風となることもあるのです。

新宿店最後のフェアの、素敵な紹介をいただきました方々、そしてこのお店を愛していただきました多くの皆様に、深く深く感謝しております。またどこかで、皆様をお迎えできることを深く念じつつ。

毛利 聡（旧新宿店店長・現MARUZEN&ジュンク堂書店渋谷店店長）

書店員が本当に売りたかった本

2012年7月24日　第1刷発行

著者　ジュンク堂書店新宿店

写真　小宮山道隆、大橋一毅

Book Design　大橋一毅［DK］

編集協力　株式会社ドワンゴ　ニコニコ事業本部
　　　　　やきそばかおる

発行者　土井尚道
発行所　株式会社 飛鳥新社
〒101-0051　東京都千代田区神田神保町3-10
　　　　　　神田第3アメレックスビル
電話（営業）03-3263-7770
　　（編集）03-3263-7773

印刷・製本　大日本印刷株式会社

ISBN 978-4-86410-176-9